水谷妙子の片づく家

余計なことは何ひとつしていません。

ものとかぞく

水谷妙子

はじめに

幼少期から、デザインを学んだ学生時代を経て、無印良品でものづくりをしていたときでさえも。私の人生の大半は「片づけられない」という悩みと共にありました。

とくに、はじめての出産後はその重圧がピークに達し、「母なのに片づけられないなんて」と自己嫌悪に陥る日々……。勇気を振り絞って片づけサービスを受けてみたら、暮らしが劇的にラクになり、長年のモヤモヤから解放されました。そして、これをきっかけに「どんな家に住みたいか」をじっくり考えるように。

私は、自分と家族、だれもが負担を感じることなく、自然と片づく家をつくりたい——。

そう決意して、整理収納を学び、無印良品のものづくりに生かしてきたデザインの知識や経験を融合させてみました。すると、これまでにないやりがいと使命感を覚え、片づけのプロとして活動を始めることに。片づけサービスで現場に足を運ぶようになると、こんどはこんなことを感じ始めたのです。

「中身のごちゃごちゃを隠して、見た目を整えてスッキリ見せれ

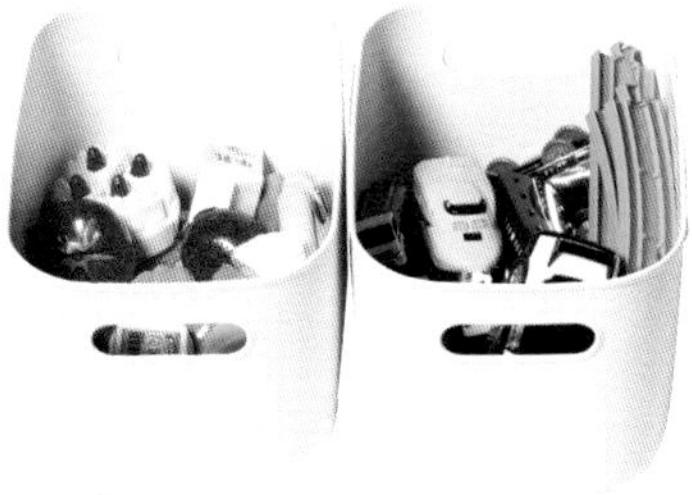

ば、収納はうまくいく……?」
世間一般でよくいわれ、私自身も正しいと信じて疑わなかった
この方法は、逆に片づけにくくする「余計なこと」だったのでは
ないか。大事な情報や機能を消してしまい、結果としてひとりで
家を整え続けることになるのでは……? と。
そこで、私は真逆のことを実験してみました。だれでも直感的
にわかるよう、隠していたものを見せたら、家族みんながあっと
いう間に片づけられるように。おまけに「もっとこうしたらどう?」
というそれぞれの自発的なアイデアが芽生え、現在進行形でどん
どん暮らしやすく進化しています。
この本には、わが家で実践している暮らしのヒントをたくさん詰
め込みました。読んでくださるみなさまが、どうか、余計なことを
何ひとつせずに、心からやりたいことを実現できますように。

ものとかぞく　水谷妙子

余計なことは何ひとつしていません。

たとえばしょうゆは買ってきたまま。詰め替えません。
ラベルは手書きで、ラベルライターは使いません。
ボックスにいたっては……中身がちょっとスケスケです。

見た目がイマイチ？
モチベーションが下がる？

でもね、片づけられるようになりましたよ。
私も、夫も、３人の子どもたちも。

「片づけて！」とやっきにならずにすみますし、
「あれどこー？」と聞かれることもないですし。
何より、時間や気持ちにゆとりが生まれて、
日々、穏やかに暮らせます。
収納って、いわば縁の下の力持ち。
暮らしの背景でいいと思っているんです。

無印良品時代に、物事の本質を捉えるよう叩き込まれました。
見た目に惑わされず、本来の姿を見よ、と。

なんで必要？　これってホントにいる？

収納も、そうやって、ひとつひとつ見直していった結果、
大切なのはたったひとつだと気づいたのです。

『だれもが、どんなときでも、
間違えようがない収納にする。』

片づけが苦手な私も、
ものを集めるのが好きな夫も、
7歳、5歳、3歳の子どもたちも。

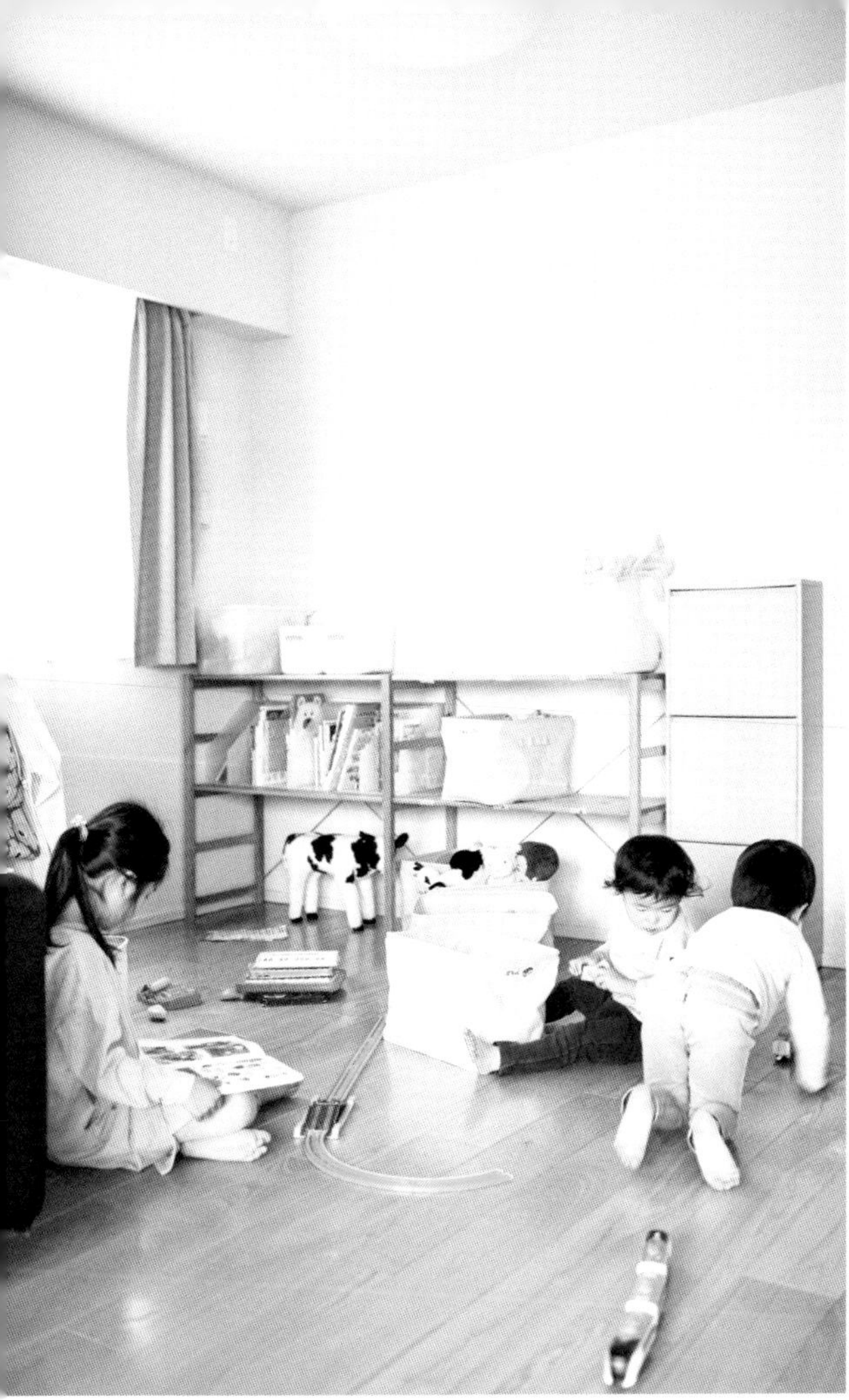

寝起きでぼんやりしていても、
仕事でへろへろに疲れていても、
風邪をひいてくらくらしていても、
間違えようがない収納。
それは、「余計なこと」をやめるだけで手に入ります。

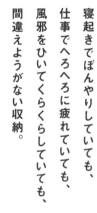

PART 4

ムダなく使える収納用品……105

My SHUNO history

わたしとかぞくのモノ語り……113

Idea

Column

INTRODUCTION

わが家の紹介

わが家は、子ども3人と夫婦の5人家族。子どもがまだ幼く、一緒に過ごす時間が長いので、LDKが家の中心です。

かぞく MY FAMILY

パパ

マイペースで几帳面。ルーティンを大事にするタイプ。趣味はスポーツ観戦と節約。

ママ

元・片づけられない女。面倒くさがり屋だが、探究心旺盛。休日はバラエティ番組を観賞。

長女

7歳。お絵描きや工作が大好き。子ども片づけ隊長として、弟たちを牽引する。

長男

5歳。電車、恐竜、昆虫をこよなく愛す。好きなものは積極的に片づける。

次男

3歳。電車好きで、兄弟一の食いしん坊。気分が乗れば片づけるが、ムラがある。

いえ MY HOUSE

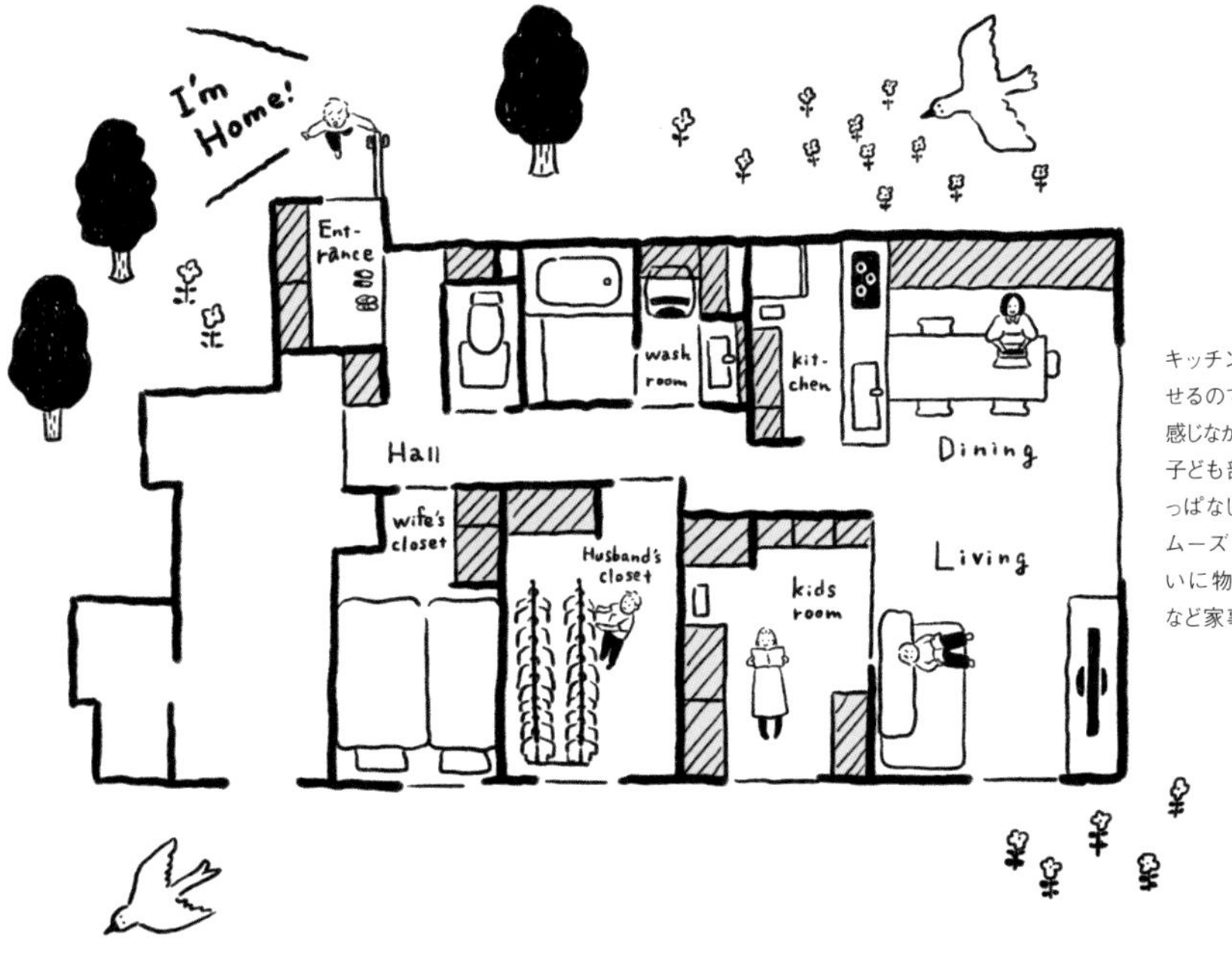

キッチンからLDを見渡せるので、家族の気配を感じながら料理ができる。子ども部屋の扉は開けっぱなし、人の移動をスムーズに。洗面所向かいに物干し場を設けるなど家事動線も工夫。

PART 1

余計なことをしない心得

1

自分ひとりで決めない

収納を考えるうえで、いつも肝に銘じていることがあります。それは、「私ひとりの考えで決めない」ということ。収納の仕事をしていると、危ないのですよ！　「私、片づけのプロだから」と、無意識のうちに収納のレールを敷いてしまいがち……。家族を従わせようとしてしまうんです。

じつは、以前イタイ思いをしたことがあるんです。片づけのプロになりたての頃。よかれと思っておもちゃを細かく分類したら、子どもがどのボックスに戻せばよいかわからずオロオロ……。「こうすべき」を子どもに押しつけてしまったんです。それ以来、私からアイデアを出しても、必ず家族の意見を聞いて、本人がやりやすい方法を選択しています。

たとえば、洗面所で使う長女のヘアゴムは、洗面台のポケット→引き出しの中→洗濯機の側面と、本人と相談しながら、ようやく収納場所を決定。最終的には本人の意見を採用したので、今でもきちんと戻っています。

自分で決めると、ものに対する責任感が生まれるんですね。収納とは、ものの管理。お母さんひとりで考えるのではなく、家族の意見を尊重して決めるのは、とても意味のあること。子どもには、自分のものを自分で管理できる大人に育ってほしいなぁと願っています。

家族に相談する

夫が集めている野球帽の「見せる収納」。クローゼットの扉裏に専用の帽子ホルダーを取りつけ、常に目に入るよう飾りながら収納しました。

収納用品依存症からの卒業

個人宅に片づけサービスに伺うと、驚くほどたくさんの収納用品が出てきます。ものを整理して収納をつくり替えると、たいていは家にあるもので間に合うほど。私もかつてはあふれるほどのものを持ち、収納が足りなくなれば買い足す……という暮らしを送っていたので、その気持ち、よくわかります！　でも残念ながら、いくら収納用品を買い足しても問題は解決しません……。

過去の自分を振り返ってみれば、家が片づかなかった原因のひとつは、「自分で管理できる以上のものを持っていた」ということにほかなりません。あまりに持ちすぎて、手に負えなかったのです。私自身片づけのプロに手伝ってもらい、少しずつものを減らしていく過程を経て、自分の適量がわかってきました。

だからぜひ、収納用品を買いに走る前に、自分の適量を見つけてほしいのです。ものの整理を進めて、不用品の山を眺めると、「えっ？　こんなもののために、収納用品を買っていたの？」というムダに気づくはず。

適量が見つかると、片づけはもちろん、買い物、掃除、料理……とあらゆる家事が軽減。何よりものに振り回されない生活を送れるので、気持ちがラクになります。

適量がわかると手放せる

5人家族のわが家の食品ストックは、ボックス4つ分。同じものを同じ量買うようにすれば、収納スペースが増えず、収納用品も買い足さずにすみます。

片づいた雰囲気はいらない

雑誌やSNSで収納の話を目にするたびに、ずっと疑問だったんです。そろいのボックスをきれいに並べたり、引き出しケースの前をプラダンや画用紙で覆ったり……。「とにかく見た目をスッキリ！」させたい心理って、なんだろうって。

きっと、苦手な片づけをなんとかしたくって、「片づいた雰囲気」を求めてしまうんですよね。でもそれではいつか限界がきます。だから、本当に片づく方法をマスターしませんか？ 一生役立つスキルを身につければ、『片づいた雰囲気』に頼らずにすみ、収納のトレンドにも振り回されません。

ひとつは、ものの収納場所と使う場所の「距離」です。漠然と「近いほうがいい」では、ものはなかなか戻りません。1歩でも、10㎝でも、近づける努力をします。そこに収納スペースがなくても、あきらめてはいけません。もっとシビアに！ もっと貪欲に！ 距離をジリジリと詰めていきます。

もうひとつ、ものの収め方では、「最低限クリアしておきたい線」を考えます。子どもの上着なら、床に放置せず棚に置けばOK、というような。疲れているときや慌てているときでもできるよう、簡単な方法を見つけておくのです。また、家族で使うものは、片づけスキルの低い人に合わせると、みんなが片づけやすくなります。

10cmをあきらめない

毎日取り替えるキッチンの排水口ネットは、作業台下の引き出しに。しかも10cm引けば取れるよう、いちばん手前に収納しています。補充もラクチン。

疲れていてもできる方法

長女が帰宅後に脱いだ上着や帽子は、子ども部屋の学用品棚に収納。基本はハンガーやフックにかけますが、疲れているときは棚にポイッでOKに。

整頓から始めない

収納用品をそろえたり、きれいに並べたり。「整頓」は見た目を美しく整える意味ではとても大切ですが、順番を間違えると、ますます片づけられなくなってしまいます。私もそうですが、とくにインテリア好きは、ルックスに弱い（笑）。

これは、料理にたとえれば、見栄えを気にする余り、盛りつけだけ頑張っているようなもの。味や栄養バランスが後回しでは、おいしい料理がつくれませんよね。それと同じで片づけにも順番があり、段階を踏んで部屋を整えていきます。

最初は「整理」。ものの取捨選択です。使うものと使わないものを分け、使わないものを手放します。さらに、使うものは使用頻度別（週に1回以上使うものを1軍、たまに使うものを2軍）に分類。

次は「収納」で、ものの置き場所を決め、収納用品を選定し、使いやすく収めます。このとき、1軍と2軍が交ざらないようにするのが肝！ これだけでも、ずいぶん変わります。「片づけ」は使ったものを元に戻す作業で、その際に見た目を美しく整えるのが「整頓」。つまり、「整頓」は最後に行ってこそ、本来の効果を発揮します。

逆にいえば、順番さえ守れば、片づいた部屋が手に入る。そう考えれば、案外、できそうな気がしませんか？

片づけには順番がある

まずは「整理」から。たとえばキッチンの消耗品はすべて出し（かき集め）、使うものとそうでないものを分類。新品か否かは関係ありません。

モノの役割を知る

ふだん何気なく手に取っている収納用品ですが、選び方ひとつで使い勝手が大きく変わります。

たとえば、写真の白いボックスと半透明のボックス。どんな基準で選んでいますか？　みんなが使っているから？　売り場で目立っていたから？　そうだとすれば、もしかしたらあなたの暮らしをより不便にしているかもしれません……。

長年つくり手側にいたからわかるのですが、ものにはそれぞれ役割があり、メリットとデメリットがあります。たとえば色。白と半透明では、中身の見え方が違いますよね。白は隠しますが、半透明は見えています。前者は見た目がスッキリする半面、もののありかがよくわかりません。後者はごちゃごちゃするものの、目的のものに迷わずアクセスできます。

フタのある・なしはどうでしょう？　フタは湿気やニオイ、ほこりをガードするためのもので、食品などには必要ですね。あとは、持ち運ぶ場合も中身がこぼれません。でもそれ以外は開閉の手間がかかるので、かえって面倒になります。

つまり、目的に合うものを選ばないと、助けになるはずの収納用品が足かせになり、ますます片づけられなくなる恐れが……。収納用品は「なんとなく」ではなく、「なぜそっち？」「本当に必要？」とよく考えて選ぶようにしましょう。

フタの意味

フタつきは、内容物の劣化を防ぎ、衛生的に保つのに有効。こぼれやニオイ移り対策としても。一方のフタなしは、出し入れが簡単で、中身が一目瞭然。

色の違い

白と半透明では、瞬時に目に入る情報量が違うため、わかりやすさに差が生じます。白を使いこなせるのは収納名人。片づけが苦手な人は半透明がおすすめです。

Column 1

ネットで探すのは、ものではなく「方法」

無印良品時代のものづくりの仕事は、「探す」「調べる」の連続でした。自社の過去商品、市場の類似商品、消費者のニーズ、一般家庭での使われ方……。そこで磨かれたリサーチ力が、今の仕事に生きています。

収納用品選びは、たとえ100円であっても失敗したくないものです。それは私も同じで、だからこそ通販サイトやSNSなどネットの情報を、目を皿にして探すのですね。

ただ、いきなりネットで探すのは、あまりおすすめしません。なかには、使いにくい商品の情報が含まれているからです。口コミやセールス文句を見るうちに本来の目的を忘れ、「よさそう!」と思って、ついポチリ……。たとえばある絵本棚は、表紙を見せる「面出し収納」、キャスターつき、可動棚など、いろいろついていていかにも便利そうですが、自分にとって必要のない機能も……。すると、かえって使いにくかったり、転用ができなかったり。子どもが成長すると、使えない……! なんてことになりかねません。

そんな失敗を防ぐために、私は次の方法を実践しています。

①紙に「困っていること」と「どうしたいか」を書き出す。

②パソコン(スマホ)を立ち上げ、①を検索にかけて探す。

③商品がヒットしたら、収納の方法を見る(フックに引っかける、バーに渡すなど)

④家にあるもので、③の収納法を試してみる。

その結果、家にあるシンプルな棚とファイルボックスを組み合わせて、買わずにすんだ! ということだってあるのです。

売り場で選ぶときも、パッケージにデカデカと書かれた宣伝文句は、鵜呑みにしないようにしています。判断のじゃまになるうえ、大事なものの情報を見逃してしまうから。必ず手に取ってサイズ感や操作性を試し、紙に書いた目的と照らし合わせる。すると、たとえばP51の使い捨て手袋の収納にコードフックを活用するなど、意外なアイデアが生まれ、自分にとってしっくりくる収納が見つかります。

PART 2

余計なことをしない収納

2

隠さない

{ Don't hide }

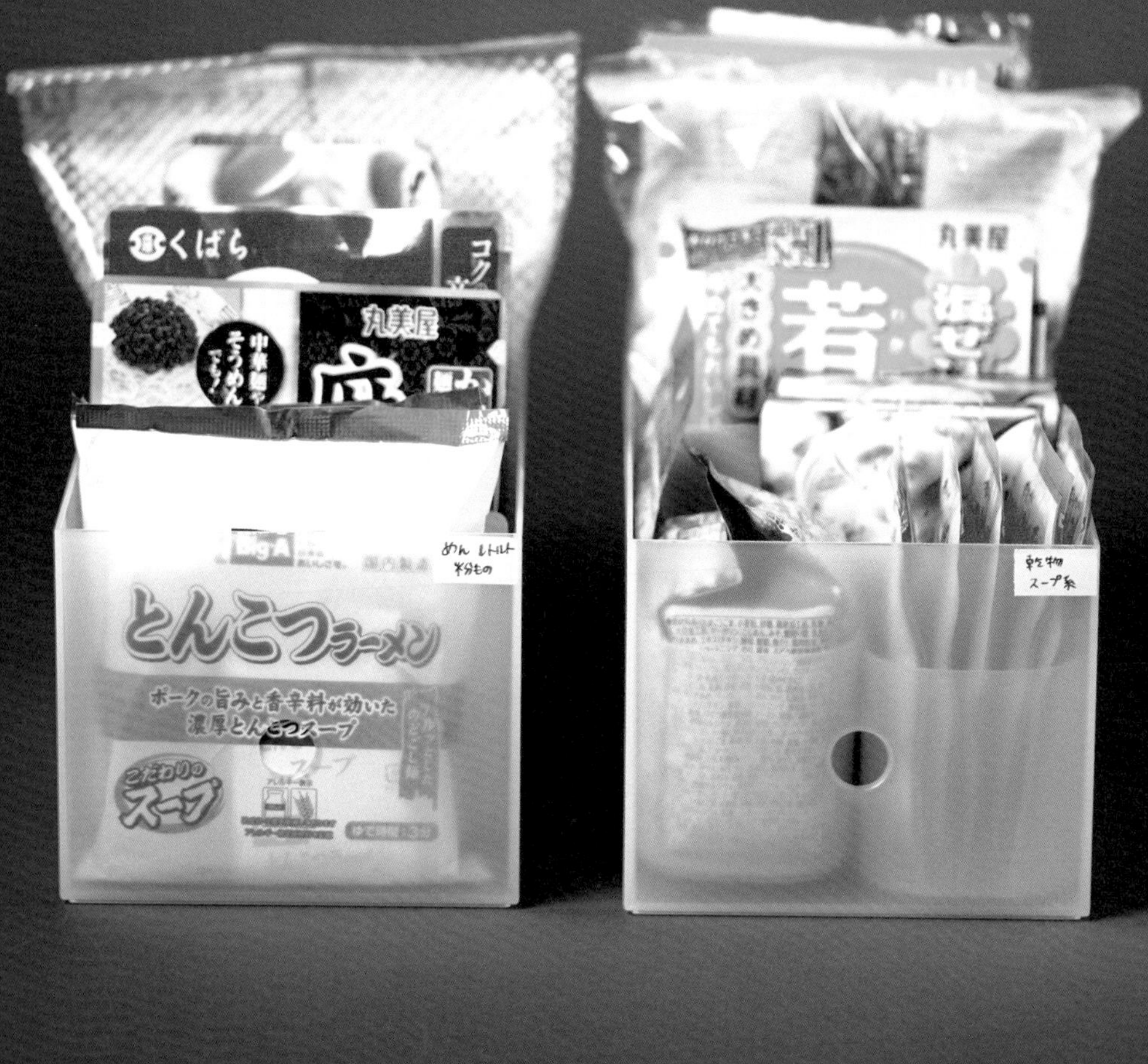

食品のパッケージは見た目が派手でごちゃごちゃして……。隠したくなる？　ですよね。でもそこは「もっと大事なこと」のために、考えてみませんか？

　パッケージが見た目にうるさいのは、売り場で目立つようにつくられているから。言い換えれば、「私はここよ！」とサインを送ってくれている。つまり、居場所がとってもわかりやすい。ものを見つけるときに大事な「わかりやすさ」を備えているんですね。

　同じように、ボックスも「わかりやすさ」を優先。半透明や透明を選んで中身を「見える化」すれば、ほぼノーミスで出し入れできます。在庫チェックも一発！　でも不透明のボックスだと、見つけにくいうえに、どこに戻してよいかわからず、迷います。

　冒頭の隠したい気持ち。せめて扉の中で使う場合だけでも、封印しませんか？　ラベルを読む、引き出して中身を確認する……に加えて、開閉の手間がついてきますから。ちなみに、スケスケボックスなら、扉を開ける1アクションでOK。ラクでしょ？

見つかる 伝わる

同じ食品を不透明なボックスに収納してみました。中身がわかりにくく、出したり引っ込めたり……と探すのが面倒！　高さもポイントで、扉の中で使うなら、ものがすっぽり隠れるものは避けて。

埋めない

{ Don't over fill }

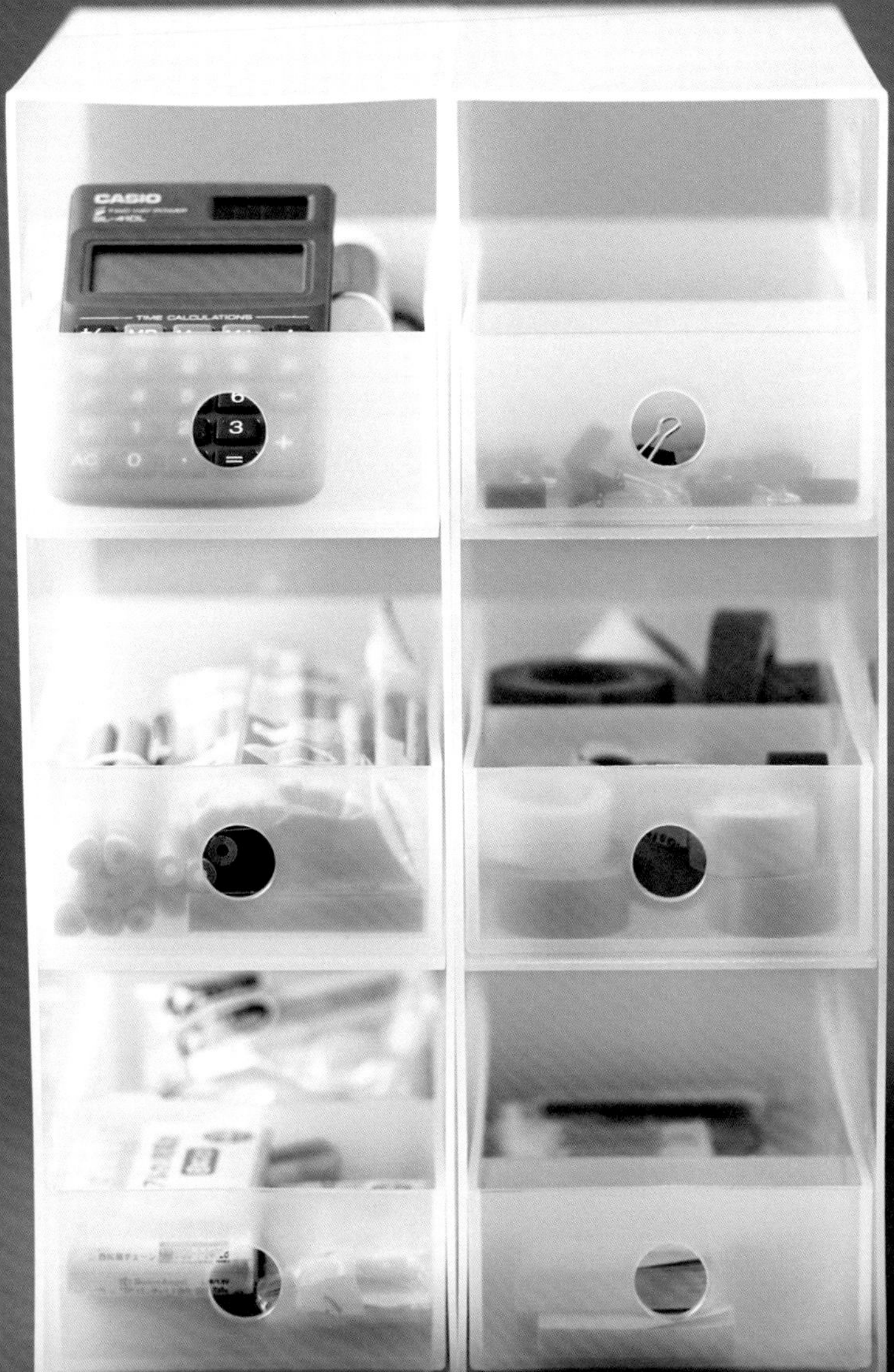

中身が見える半透明のケースでも、使い方によっては、ものの出し入れに差が生じます。右と下の写真を見比べてみてください。中身がわかりやすいのは、どちらでしょう？　一目瞭然ですよね！

下の写真のように、6段すべてにケースが収まっていると、中身がわかりにくく、開けたり閉めたりと、探すのに手間がかかります。一方の右は、一段飛ばしに引き出しを抜いて、すき間を確保。すると、目視率が上がり、目当てのものを見つけるスピードが格段にアップします。

また、引き出したケースを戻すとき、下の場合は入り口が狭いので狙って入れなければなりません。集中力を要し、うまく入らないとイライラ……。その点右の場合はすき間が十分あるので戻しやすいです。よく使うものを手前に入れれば、すき間から手を入れてポトリ。引き出さなくても片づきます！

収納ケースは使い方次第。安全性を確保すれば、使いやすいようにアレンジしてもいいんです。

見つかる 出せる 戻せる

ケースを全部差し込んだ状態。ケース越しにうっすらものが見えますが、ラベルを貼らないと「確実」にはわかりません。また、間口が狭いので、ケースを戻すのに慎重さを要します。

フタをしない

{ Don't cover }

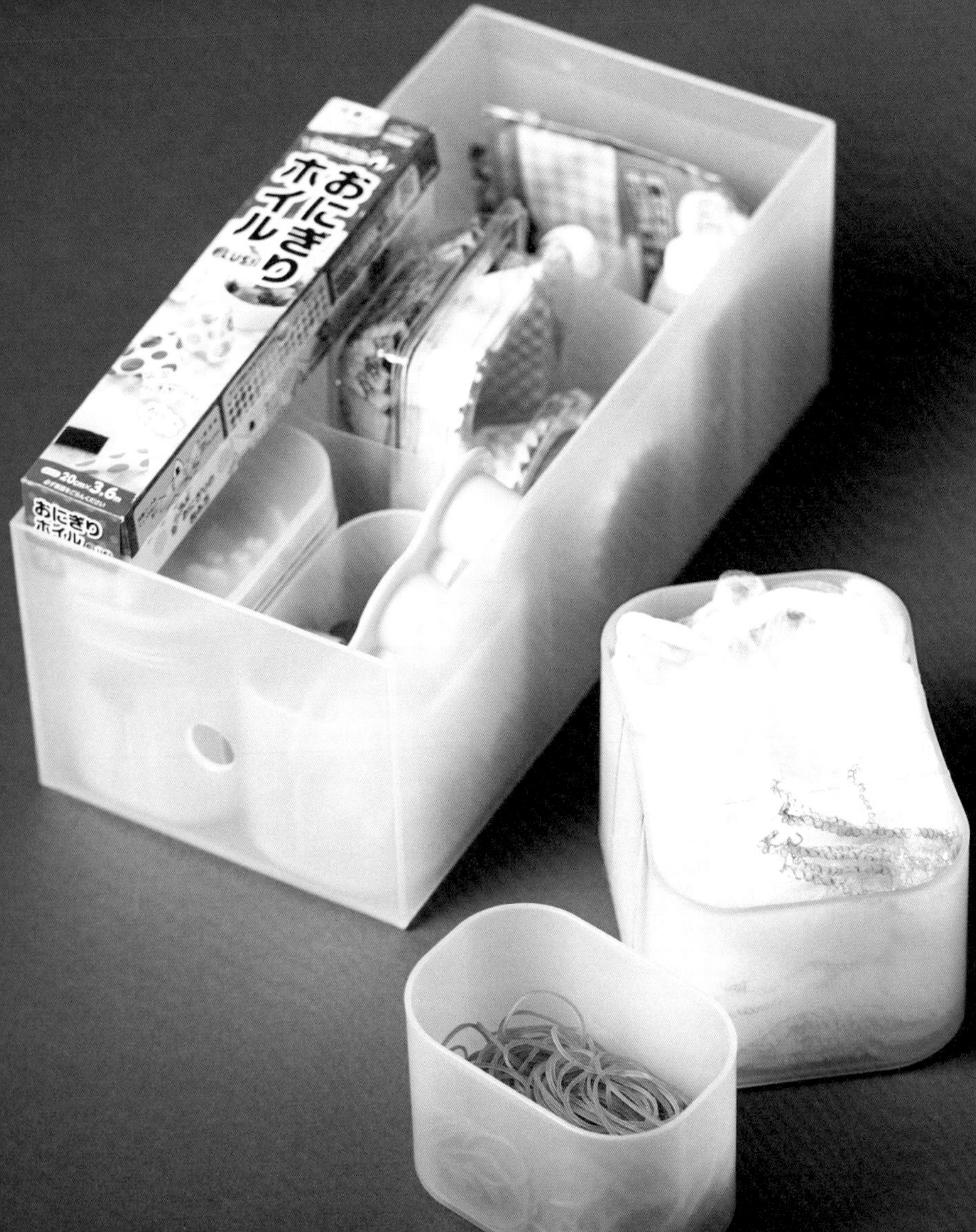

同じボックスで、フタつきとフタなし、どちらが売れると思いますか？　答えはフタつきで、「ものが増えたらスタッキングできる！」「お得だし、なんとなく便利そう」とつい選びがちです。

でも片づけにおいて、フタつきは面倒を増やすだけ。使用のたびに、フタを開閉する手間がかかるので、出し入れの動作数がひとつ上乗せされます。　いえ、2つ！　元に戻すときもかかりますから。しかも、フタを本体にかっちりはめ込むタイプなどは両手が必要で、作業がいったん止まります。パパッとすませたいときは、ストレスの原因にも……。頻繁に補充したい消耗品は、フタなしが便利です。残量も一目瞭然ですしね。

じつは、フタが必要なものはごくわずかです。ほこりを避けたいもの、ニオイや湿気を防ぎたいもの、見られたくないもの、劣化が心配なもの……。これらを収納するときは、フタつきを。それ以外は、「フタなしが便利」と覚えておくといいかもしれません。

出せる 戻せる 補充しやすい

フタつきのケースは、モレなく開閉の手間がついてきます。中には取り出し口が狭く、出し入れしにくいものも。中身も見えないので、補充のタイミングを見逃しがちに……。

分け すぎない

{ Don't classify too much }

まずは自分の反省からです。下の写真は今から3年前のわが家のおもちゃ収納。おもちゃを9つに分けていたのですが、元に戻すのに手間取り、片づけに15〜20分を要していました……。

時間がかかる原因は、分類の複雑さ。子どもは持続力に乏しく、ひとつひとつ考えて戻すうちに面倒になってきます。また、用意したボックスに該当しないおもちゃが出てくると、「これ……どこ?」と手や思考が停止し、時間がどんどん経過……。

「なんか難しい」「どうしたらいいのかわからない」という気持ちは、子どもを片づけから遠ざけます。それらを取り除くために、分類を9つから6つに。うち2つを「いろいろボックス」にし、分類しにくいおもちゃを入れることにしました。すると、片づけ時間が3分に短縮!「いろいろボックス」という逃げ道が、片づけをスムーズにしたのです。

すべてをスパッと分類せず、フワッとさせたほうが合理的、という判断もあるのです。

見つかる 出せる 戻せる

長女4歳、長男2歳、次男0歳の頃。人形、ブロック、お料理、レール、道路など9分類に。よかれと思って種類別に分けたつもりですが、細かすぎて失敗……!

詰め替えない

{ Don't refill }

以前、洗剤をシンプルなケースに詰め替えて使っていたときのこと。洗濯を担当する夫が、詰め替え前のキャップを捨てずに取っていたんです。理由を尋ねると、「容量を示すメモリが見やすい」とのこと。なるほど～。洗剤を量って入れる夫にとっては、こちらのほうが使いやすかったのですね！

以来詰め替えはやめましたが、このテの商品は間違いが起きないよう、デザインがとことん工夫されています。ボトルの注ぎ口やラップの歯なども最先端の技術が投入されていて、その点では詰め替えケースはかないません。つまり、そのまま使ったほうが、確実に使いやすいんです。また、パッケージにはあらゆる情報が詰まっています。使用上の注意を見れば、私がいなくても家族が扱えますし、買い物もたとえば「緑のラップを」と頼めば、一発で伝わります。パッケージは最強のラベルなのです。「使いやすさ」では詰め替えケースに勝る市販品。上手に使えば、暮らしをより便利にしてくれます。

見つかる 伝わる 使いやすい

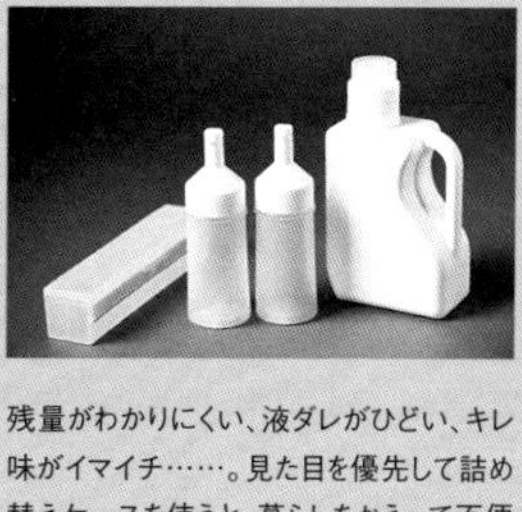

残量がわかりにくい、液ダレがひどい、キレ味がイマイチ……。見た目を優先して詰め替えケースを使うと、暮らしをかえって不便にする恐れも……。

整えない

{ Don't organize too perfectly }

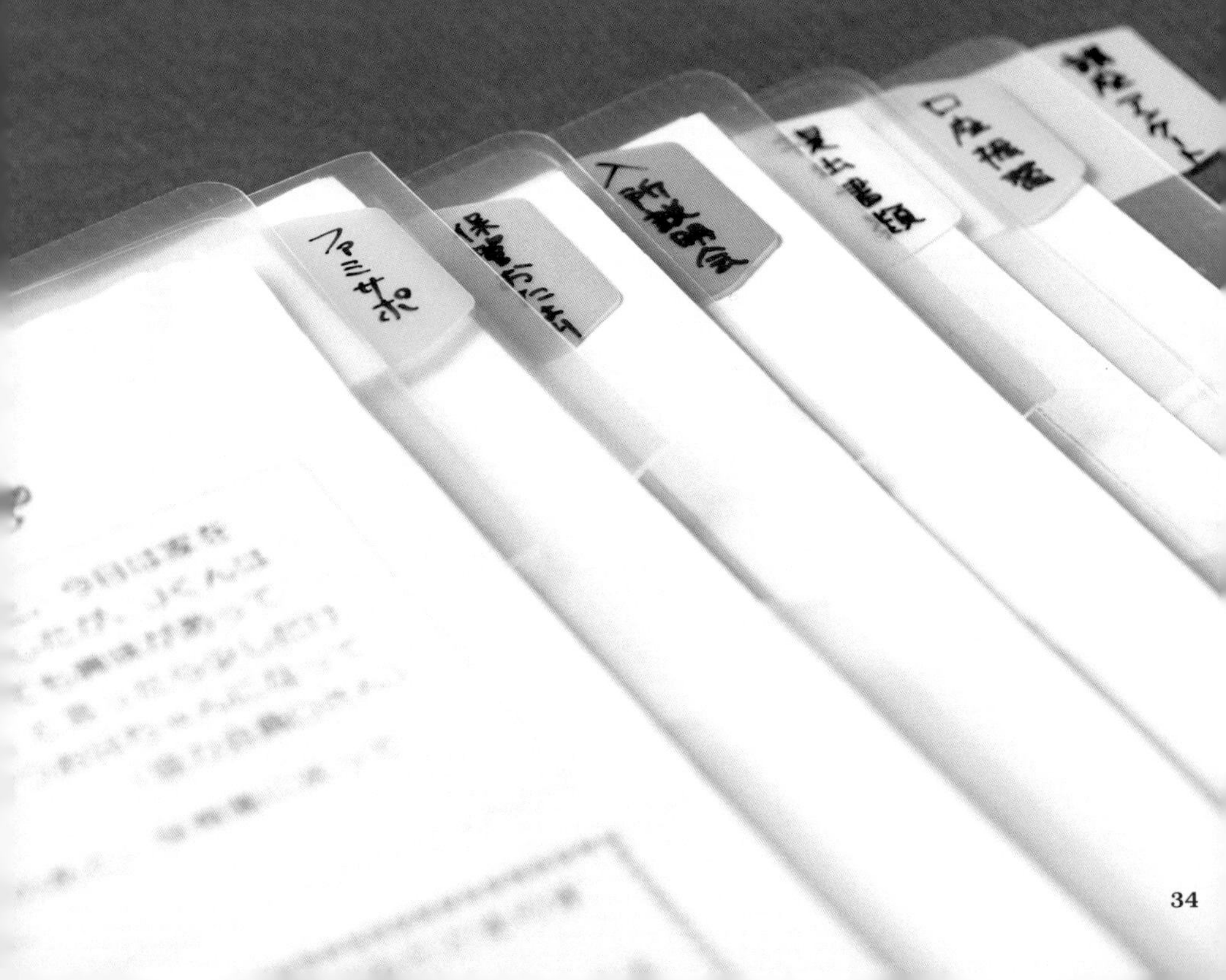

収納の仕上げに行うラベリング。ラベルライターを使っていた時期がありますが、収納を見直すスピードにラベル作製が追いつかず、挫折……。

ラベルの役割は、中に何が入っているかを知らせること。だから、中身とラベルの一致が絶対条件！　そのためには、中身の変化に合わせてラベルをつくり替えないといけないのですが、ラベルライターは文字を打ち込んで設定を調整して……と作業が面倒！　きれいに整った印字は「確定した感」が出て、今さら変えにくいという気持ちも更新のじゃまをします。そうなると、中身とラベルが一致せず、目当てのものが見つからない……という困った状態に。

その点、手書きは気軽に書き換えられ、思い立ったときにすぐラベルがつくれます。夫も子どももできるので私の負担が減り、家族みんなで収納を見直せます。しかも、ラベルライターの印字より、手書きの文字のほうが親しみやすい！　収納が「自分ごと」になるので、ものが見つかりやすくなります。

変えやすい　見つかる

ラベルライターでつくったラベルは、見た目がおしゃれ。その分、つくり換えのハードルが高く、中身が変わってもそのままにしがち……。それではラベルの意味がありません！

並べない

{ Don't arrange in order }

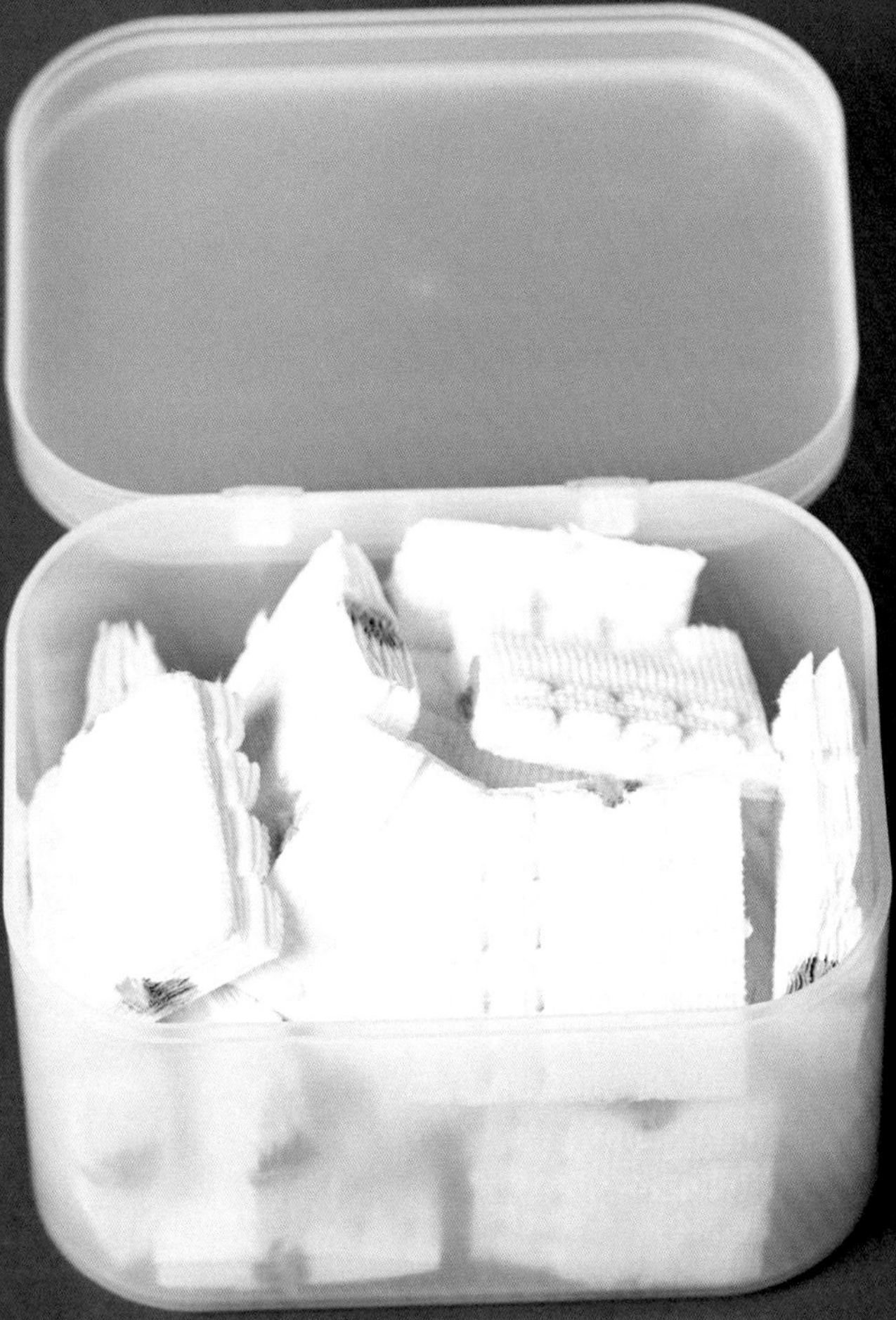

毎日の暮らしで使用頻度の高いもののひとつに、使い捨ての1Dayコンタクトレンズやトイレブラシなどの消耗品があります。

これらを使うのは、すき間時間や慌ただしい朝なので、少しのストレスだって減らしたい！　そこで、ひとつずつバラバラに入れ、パッと手に取りやすくしています。なぜって、そのほうがもののすき間に指が入り、断然つかみやすいから。下の写真のようにすき間なくピッチリ並べると、ひとつ取り出すたびにもうひとつくっついてきて、入れ直すのが面倒！　使っているうちにごちゃごちゃになり、それがまた気になって並べ直す……と、これではなんのための収納かわかりません！　収納の目的は、ものを使いやすくすること。あらかじめひとつずつカットする手間を惜しまないのは、そのためです。

バラバラ収納は、ボックスに入れるときも、ガサッと放り込めばいいのでラクチン。家族にも気軽に補充を頼めます。

取りやすい 入れやすい ラク

トイレブラシの向きをそろえてきっちり並べると、取り出すときに列が崩れ、並べ直す手間がかかります。夫がきれいな状態を維持するのは難しく、結局自分の仕事が増えるだけ……。

Column 2

人にあげない・人からもらわない

私たち夫婦が、ものを減らすきっかけになった大きな出来事があります。

第二子の長男が生まれたときに、子ども服のお下がりをいただきました。はじめての男の子で助かるなぁと思い、夫婦でひとつひとつ確認していったのです。そのうちふたりが気に入って「使いたい！」と思ったのはほんの数枚。多くを手放すうちに、子どもの服を選ぶことは、私たち夫婦の大切な楽しみであることに気づきました。同時に、人からもらった（自分に動機づけがない）ものを判断するのは、すごいストレスだということも。しかも手放すときに罪悪感を覚えるのは、なんだか違う気がしたのです。

とくに子ども服のお下がりは、「育児は何かと物入りだから、少しでも役に立てば」という善意や、「子どもの成長で、ちょっとしか着ていないからもったいない」という罪悪感から、人から人に渡りやすいもの。「もらう⇔あげる」のサイクルに一度入ると、永遠に続いてしまいます。

そこで夫と相談し、このサイクルから思い切って抜け出そう、と決めました。子ども服のお下がりをもらわないのはもちろん、私たち3人の子どものお下がりも人に譲らず、捨てる、売る、バザーに出すなどに。お下がり以外のたとえば出産祝いも、商品券など相手が好きに選べるものや、消えてなくなるものにし、なるべく負担がかからない方法を選びました。どうしてももらわざるを得ない場合は、一度受け取り、気持ちだけいただいて処分。ものをため置かないので、部屋がスッキリするうえに、「もらう⇔あげる」にかかる手間やストレスがなくなりました。

この「お下がり事件」は、私たち夫婦に「どう持ちたいか？」「どう暮らしたいか？」「どんな家族でありたいか？」を話し合うきっかけをもたらしてくれました。ふたりがこれまで「なんとなく」大事にしてきたことが、明確に共有できた瞬間でもありました。

おかげで、ものを手放せるようになり、また安易に持たなくなり、これまでよりずっと、軽やかに暮らせるようになったのです。

PART 3

余計な収納がない部屋

3

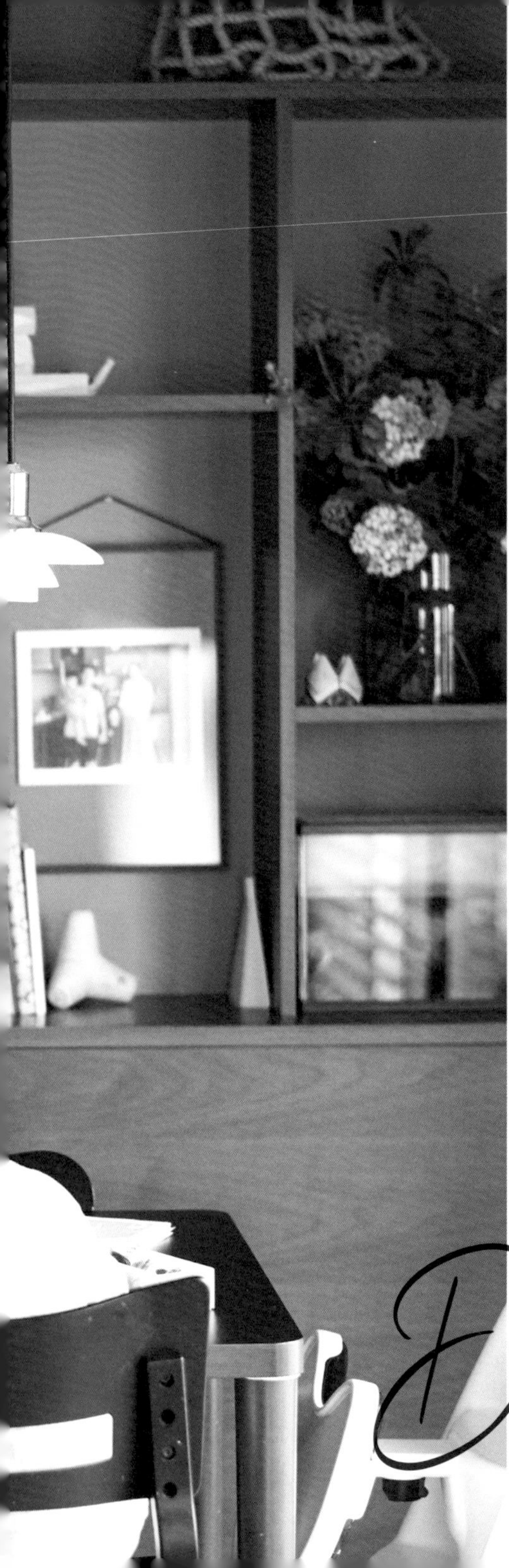

文具や書類は、ゆるっと分けてざっくり置くから、片づけやすい

わが家の中心、ダイニングテーブル。
ここでは食事のほか、
仕事や勉強、お絵描きなどを行うので、
こまめなリセットが必要です。
文房具や書類は、
「戻しやすさ」を第一に。
子どもが自分でできるよう、
わかりやすい分類と、
シンプルな収納法を心がけました。

Dining
[ダイニング]

壁一面の収納は、マンション購入時に造作しました。書類、アルバム、年賀状、母子手帳など、わが家の"情報"を集約しています。

SPOT

飾り棚

飾り棚には文字通り、雑貨や家族写真などを飾っていますが、ところどころに実用品も収納しています。

棚に置くだけのオープン収納は、もっともシンプルな収納法で、ものにアクセスしやすく、出し入れがスムーズ。日常的に使う文房具や仕事道具の収納にピッタリで、大人も子どもも簡単に戻せます。

ただし、ものは欲張らず、厳選することが大事。適度な余白が、いざというときの収納を助けてくれます。

子どもの工作も飾る

▼子どもの作品を飾る小さなスペースをつくりました。食卓のそばなら、家族の目に留まって話題に上りやすい。

しまわないから戻せる

▶はさみやペン、鉛筆削りなど、毎日使う1軍の文房具はしまいません。棚に定位置を設け、きちんと出しておきます。1アクションが戻せる秘訣。

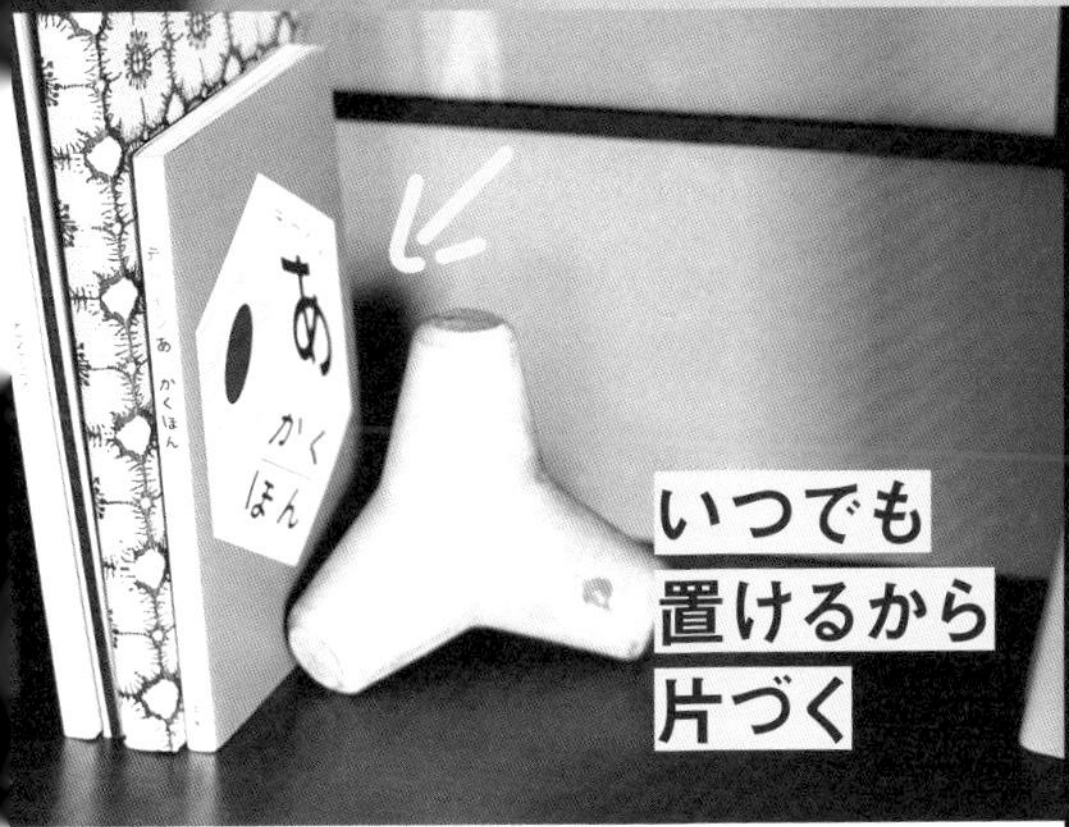

いつでも置けるから片づく

▲私の席から手を伸ばせば届く位置に、本の居場所を。食事でテーブルの上をきれいにしたいときに、サッと片づけられます。雑貨をブックエンド代わりに。

色分けしているから見つけやすい

▶夫も見つけられるよう、母子手帳ケースは飾り棚の右隅に置いています。3人のマイカラー（P61）で色分けしてあるので、一発で取り出せます。検診や病気で慌てない工夫。

ゆるゆるだから戻せる

▶レター用のトレーに、フタなしのボックスを組み合わせて。上部に空きが生まれるため、適当に置いても収まります。ボックスの数をトレーの幅に合わせれば、自動的にまっすぐイン。

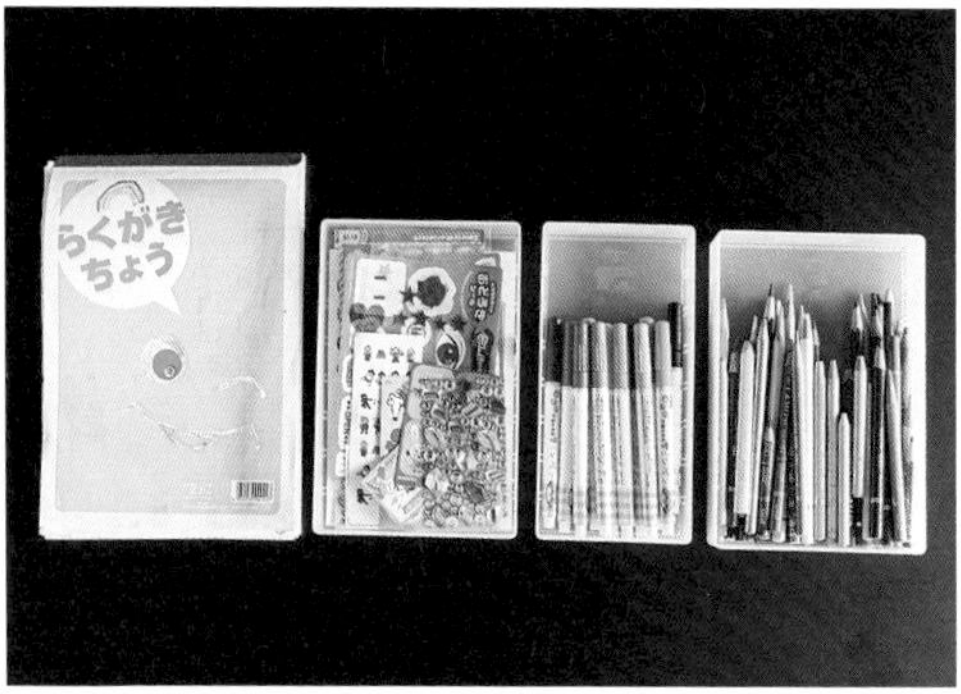

▲分類は色ペン、色鉛筆、はさみ、折り紙など。ペンや鉛筆は、色つきと黒を分けて。購入時のケースは戻しにくいので、使いません。落書き帳も一緒に。

SPOT

子ども文具コーナー

子どもはダイニングテーブルで宿題やお絵描きをするので、手が届く下段に必要な道具をまとめました。

大事にしたのは、中身が見えることと、1アクションで出し入れできること。引き出しでは難しいと考え、レタートレーにフタなしボックスを置いたところ、子どもでも使いやすく、片づけが続いています。

\ ケースに収納しない /

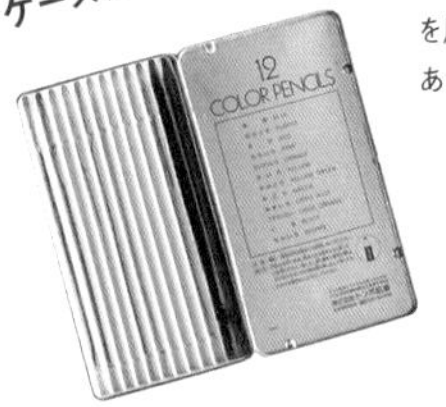

いろいろOK!

▼分類しにくいものを入れる「いろいろボックス」を用意しておけば、片づけの手が止まりません。あふれそうになったら、見直してリセット。

置くだけだから片づく

▶レタートレーに置くだけなので、出し入れが1アクション。1段目がデジタル機器、2段目がレシート、3段目がカメラ一式と郵便物。レタートレーのサイズはA4横で、メーカーはAcrimet。

SPOT

仕事道具コーナー

▲左から、本日分の郵便物、レシート、WebカメラやUSBメモリ。レシートは家族の医療費と仕事の経費のみ残し、それ以外はそのつど処分。

いつも座る椅子の後ろに、仕事道具の置き場所を確保。振り返ると手が届くので、座ったままの出し入れが叶います。ここには、出入りの激しいレシート、郵便物、USBメモリなどを「置くだけ収納」に。ただし、「何をどこに置くか」はしっかり決めています。全部見えているので、迷いようがありません。

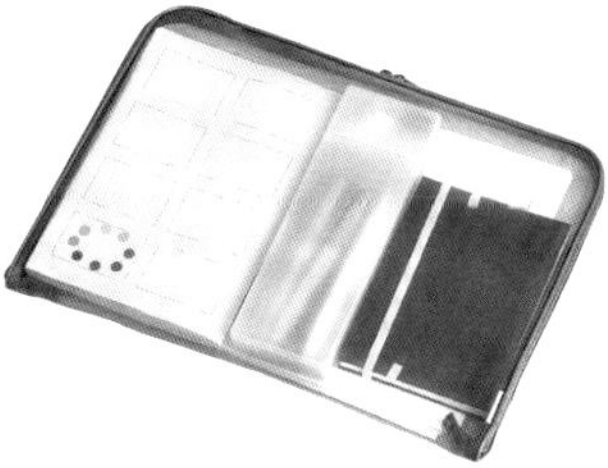

見えて安心!

◀必ず持ち歩く手帳やペンケースなどをひとまとめに。メッシュ素材なら、開けなくても中身が確認できます。

SPOT

大人文具コーナー

扉の中には、おもに大人が使う文房具や書類を収納しています。

文房具を入れた小引き出しは、もともと全部埋まっていたのですが、扉と引き出しの〝二重目隠し〟が夫に不評で、引き出しを一段抜きに。すると、中身がよく見えるうえに出し入れもしやすくなって、夫から「あれどこー？」と聞かれなくなりました。まさに、「現物に勝る情報はなし」ですね。ラベルはつけていませんが、きちんと戻ります。

セット化で慌てない

▼最上段トレーの中身。救急用品には、保育園に提出する薬シートも。小銭と封筒、マスキングテープをまとめれば、ちょっとした支払いに便利。

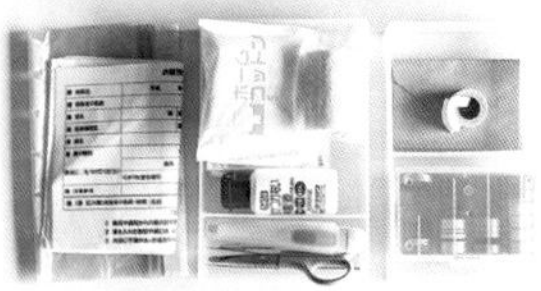

すき間があるから1アクション

▲小物を入れるのにピッタリな小引き出しを一段飛びに抜いてカスタマイズ。空いたすき間からものを戻せるので、引き出しを引かなくてもOK。

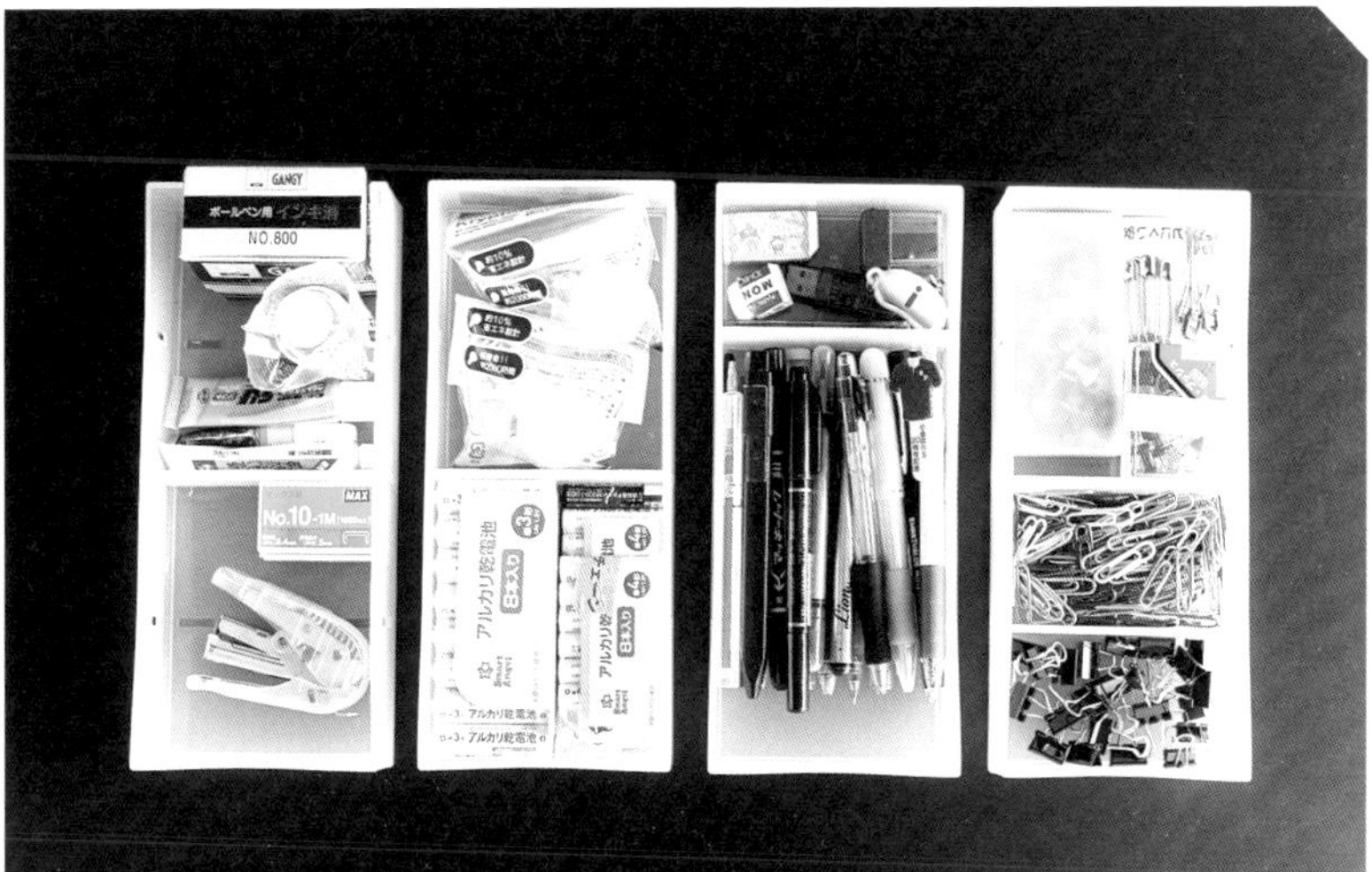

▲クリップ、ペン、電池、ホチキスなど、おもに大人が使うこまごましたものを収納。引き出しの中は仕切り、手前（写真下）から使用頻度の高い順に入れています。

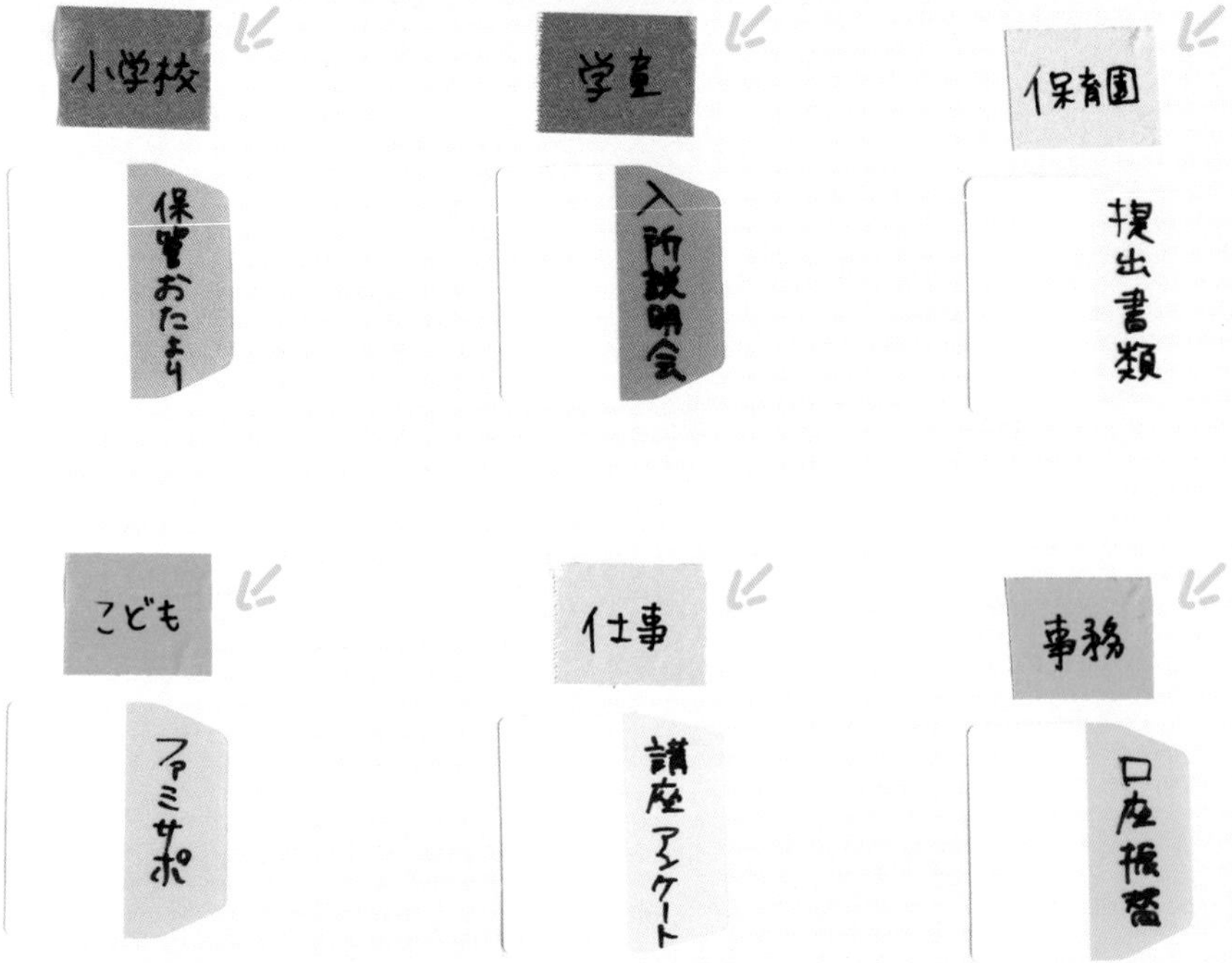

6分類だからわかる

▲「交ざると面倒」「探すの大変」を基準に、同じ"仲間"を集めます。わが家は6分類で、細かくしすぎないのがポイント。「ファミサポ」など個別の案件には内容を示すラベルを貼り、色をそろえておきます。

SPOT

書類棚

書類が届いたら、捨てられるものや提出できるものは、すぐに処理します。

それ以外の期日まで手元に残す・予定を確認するものは、「一時用」のバインダーに。その際、種類別に分類し、「これは何？」とわかるよう、色を振り分けます。さらに取っておくと決めたものは、クリアファイルに入れて「保管用」のファイルボックスへ。ラベルの色を同じにしているので、移行がスムーズです。

お手軽だから変えやすい

▼ラベルは手書きにし、必要に応じて即修正します。用意するのは、マスキングテープ、フィルムタイプのインデックス、細字の油性ペン。

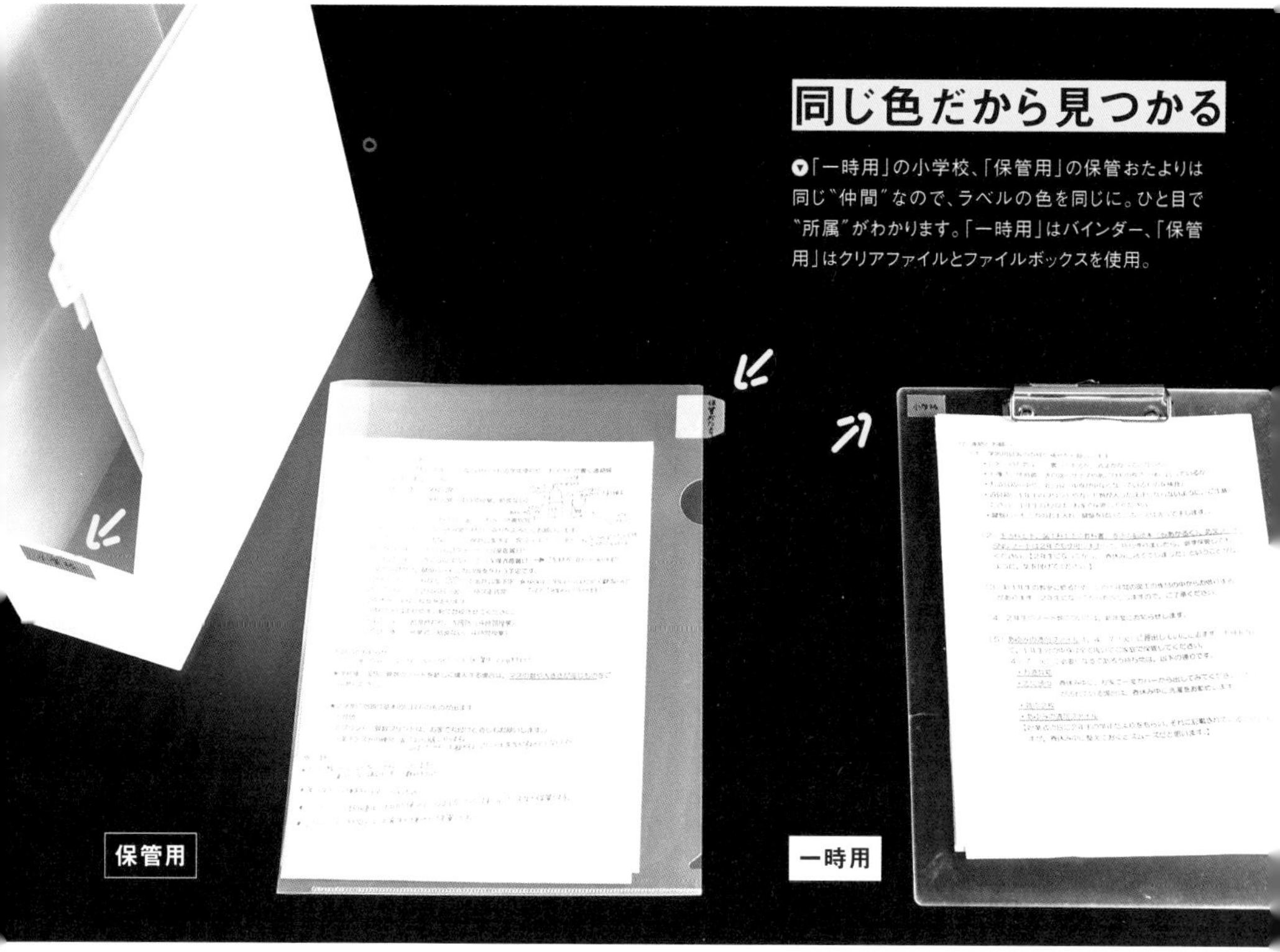

同じ色だから見つかる

▼「一時用」の小学校、「保管用」の保管おたよりは同じ“仲間”なので、ラベルの色を同じに。ひと目で“所属”がわかります。「一時用」はバインダー、「保管用」はクリアファイルとファイルボックスを使用。

挟めるだけ!

バインダー活用で ざっくり整理

「一時用」の書類は、いつまでも取っておきがち。バインダーなら挟める量に限界があるので、整理のタイミングをつかめます。

目につくところに置く

分類の数だけバインダーを用意し、「一時用」の書類を挟みます。手に取りやすい場所に置いて、いつでも確認できるように。

挟めなくなったら見直す

挟めにくくなったり、抜け落ちるようになったら、中身をチェック。取っておくものは「保管用」としてクリアファイルに。

口を出さないから散らからない

◀夫の席の後ろに、専用のスペースを用意しました。書類や雑誌を分けてしまえるようファイルボックスを用意しましたが、分類は夫に一任。本人の「片づけやすい」を尊重します。アルバムなど家族のものも。

袋にポイッだから片づく

▸年賀状をファイリングしようと思うと、おっくうで散らかりがち。届いた順に袋に入れれば、すぐ片づきます。日付を書いた付箋もつけ、来年の「出す？　出さない？」の検討材料に。

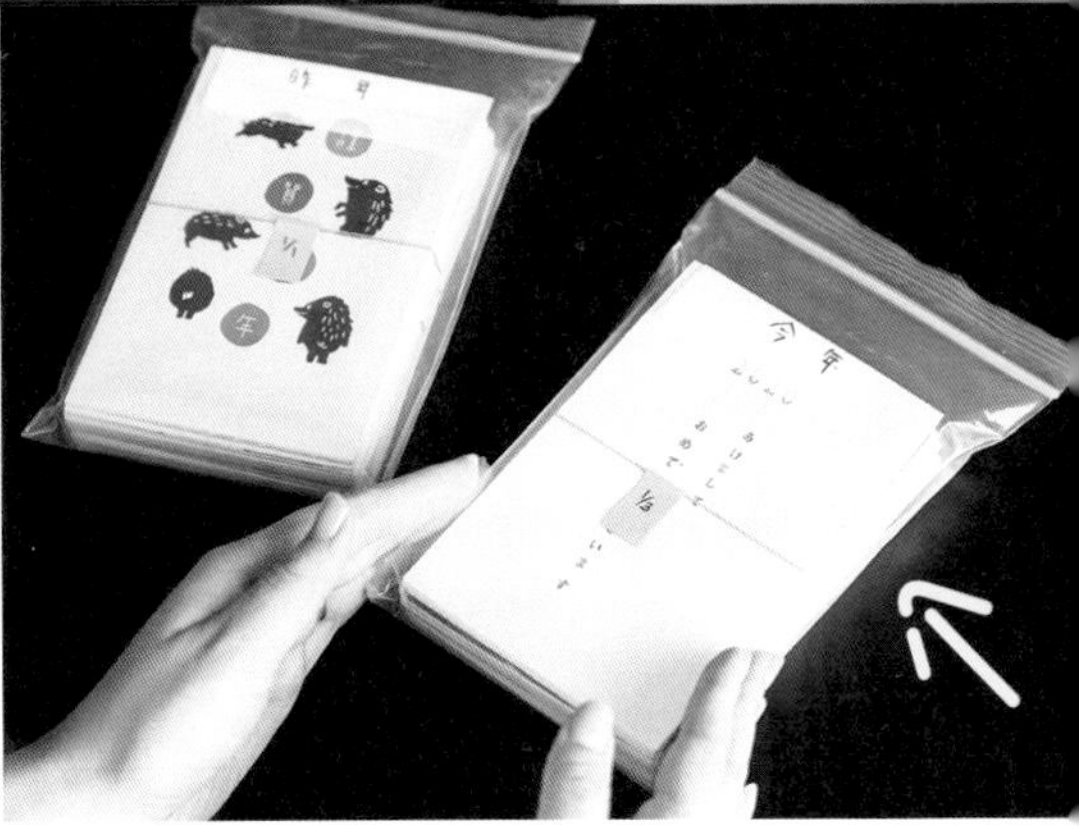

頑張らないから続く

◂保育園や小学校から購入する子どもの写真は、「見て楽しむ」ことを第一に。分類や体裁にこだわらず、「時系列で並べる」というシンプルなルールで管理しています。

Idea 1

掃除事情と収納

いつでもできる環境にする

苦手な掃除は大がかりにならないよう、汚れが小さなうちに対処します。
掃除道具を身近に置いたり、すぐ使えるようにしたり。
収納の工夫で、毎朝5分で終わらせます。

掃除は、掃除機とハンディモップの二刀流で。掃除機で床のごみを吸い取りながら、ハンディモップで巾木や棚のほこりを絡め取ります。ハンディモップでかき出したごみも吸引できて一石二鳥！

"終着駅"に収納

最後に掃除をする玄関にハンディモップを収納すれば、わざわざ片づけなくてOK。替えのモップもスタンバイ。

手袋を使いやすく

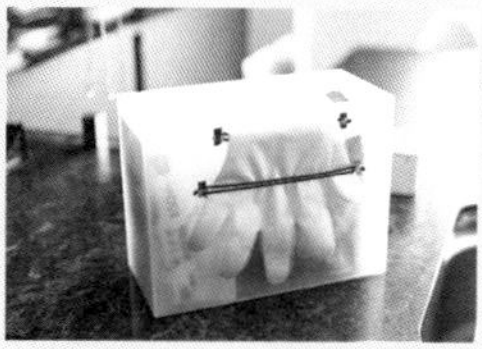

ファイルボックスにコードフックを貼り、ヘアゴムを渡して手袋を収納。サッと取れて、掃除のハードルが下がります。

テーブルそばにミニほうき

テーブル後ろの飾り棚に、卓上ほうきを用意。食べこぼしや消しカスをサッと掃き取れて便利です。チリトリが目隠し役。

PART 3

余計な収納がない部屋 2

Living
[リビング]

ものを置かない・リセットする。元に戻せるから、存分に遊べる

リビングはテレビを見る場所。
「ながら作業」をしないので、
余計なものが集まりません。
日中は子どもの遊び場になりますが、
隣室のおもちゃ収納が、
片づけをあっという間に終わらせます。

リビングの隣室を子ども部屋に。おもちゃを移動しやすいので、リビングにおもちゃ収納はつくりませんでした。おかげでリビングがスッキリ！

▲リビングでおもちゃを広げても、ボックスにポイポイ放り込むだけなら、あっという間に片づきます。手が止まらないよう、分類は大まかにし、「いろいろボックス」も用意。

遊びの延長だから集めたい

▼子どもに「片づけて〜」と言っても、どうしていいかわからないもの。「おもちゃ回収ボックス」を渡し、「○○だけを探してきて」というと、宝探しのようで喜んで集めます。

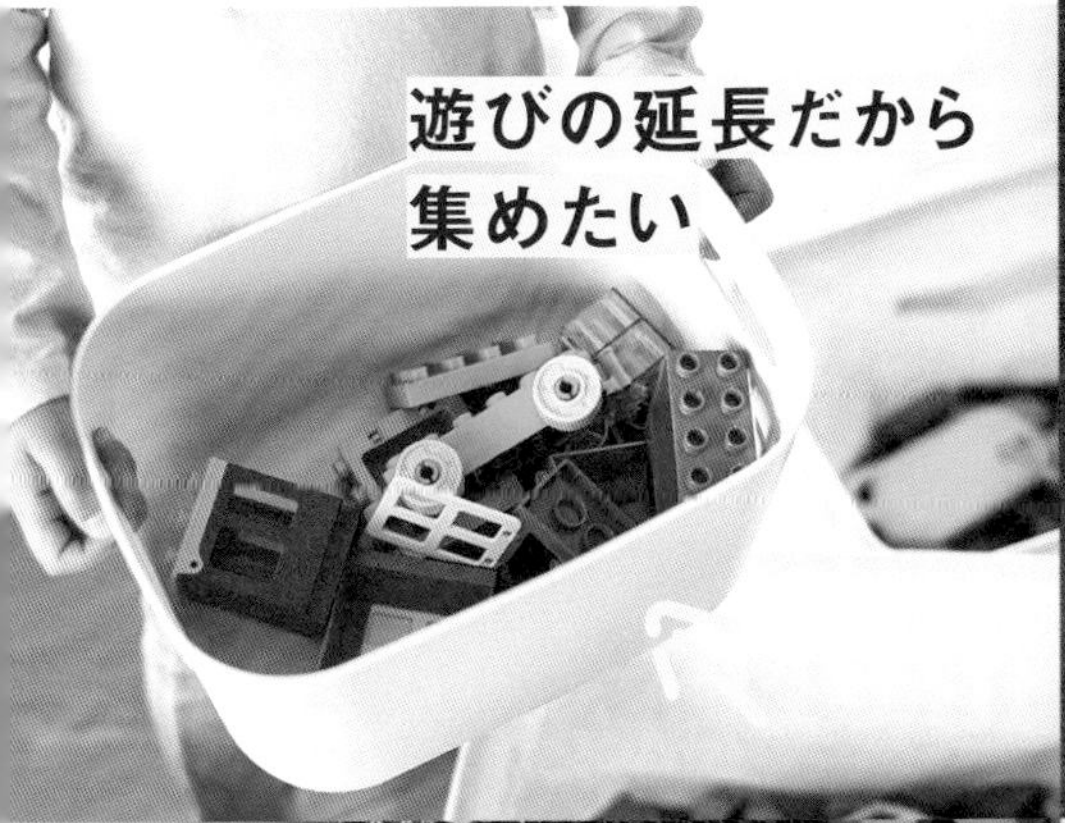

きっかけがあるから片づく

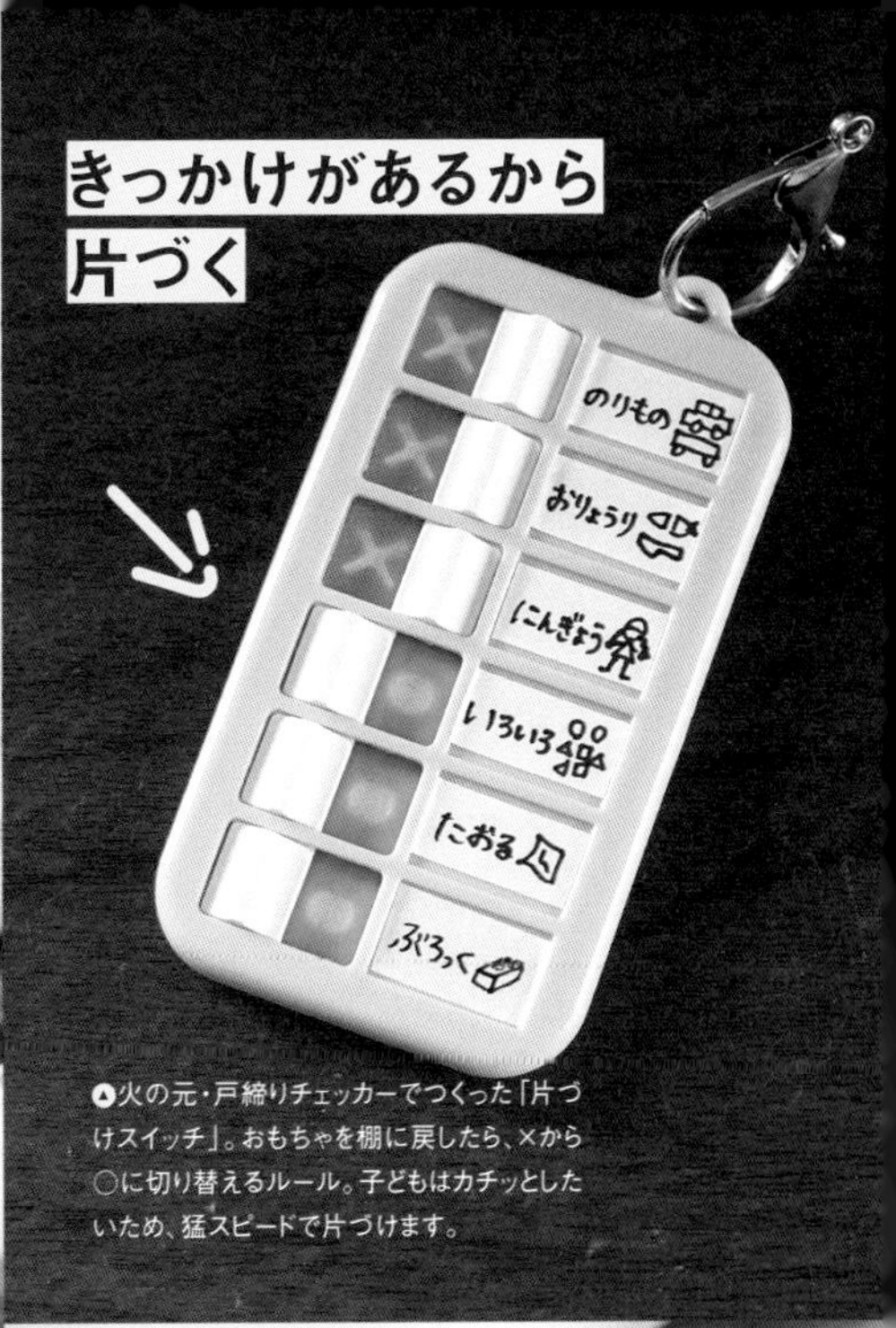

▲火の元・戸締りチェッカーでつくった「片づけスイッチ」。おもちゃを棚に戻したら、×から○に切り替えるルール。子どもはカチッとしたいため、猛スピードで片づけます。

「ないと困る」から元に戻る

▲リモコンの定位置は、ソファの上。ないとテレビを見られないので、子どもは必ず「このあたり」に戻しています。ピンポイントでなくても、部屋じゅうを探さなければOK。

そもそも「ない」から散らからない

▶ソファで過ごすのは、おもにテレビを見るとき。用途を明確にしたら、ここで必要なのはリモコンだけだとわかります。近くに便利な収納があっても、ものを入れる必要はなし。

投げ込んでも、押し込んでも、オッケーな「安心収納」に

ズレる、倒れる、引っかかる……。
小さなつまずきも、
子どもにとっては大きなストレス。
収納エラーが起きないよう、
丈夫で確かなしくみを。
すき間をつくり、
頑丈な仕切りにしたら、
安心してものを出し入れできる
ようになりました。

Kids room

［ 子ども部屋 ］

正面の木の棚がおもちゃ・絵本ゾーン、左手が学用品ゾーン。写っていませんが、右手が衣類ゾーン。明確なゾーニングで、ものの混在を防ぎます。

SPOT

おもちゃ・絵本ゾーン

2歳差の子ども3人を抱えているので、おもちゃの片づけには苦労しました。試行錯誤の末、棚とボックスのすき間から投げ込む方法に。ボックスを引き出さなくても片づくので、3歳児でも戻せます。使うときも、すき間からおもちゃが見えるため、すぐ発見！

絵本はもともとランダムに収納していたのですが、子どものリクエストで人別に分類。使う本人が望む方法だから、片づきます。

2軍は分けて別の場所

▼おもちゃや絵本は使用頻度で分け、2軍は別の場所に。1軍だけ出して、種類や数を絞り、片づけのハードルを下げています。

▼シンプルな棚とボックスを組み合わせて、収納をつくりました。おもちゃと絵本の両方に「いろいろ」スペースを設けて、分類しにくいものを迷わず片づけられるように。

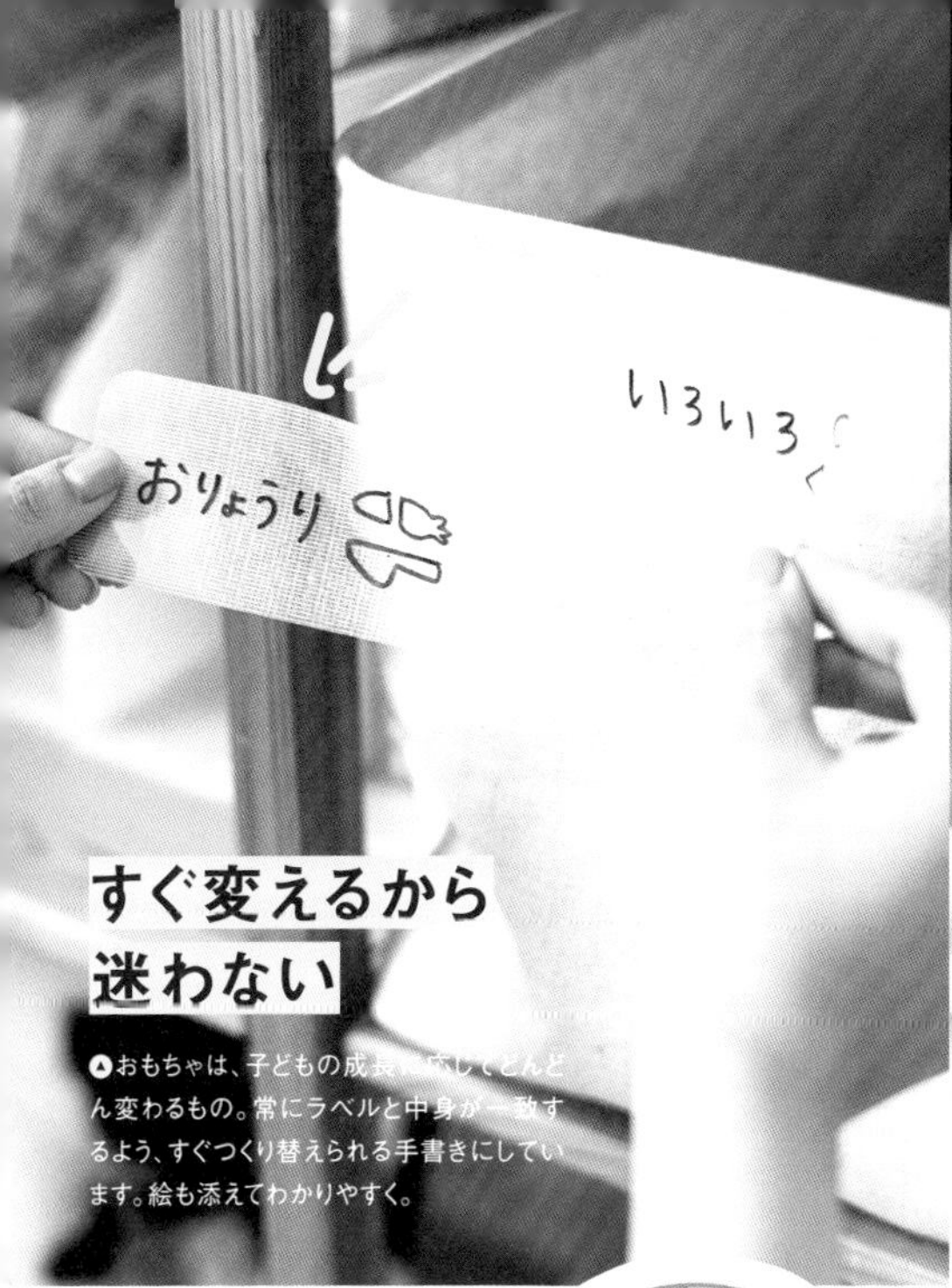

すぐ変えるから迷わない

▲おもちゃは、子どもの成長に応じてどんどん変わるもの。常にラベルと中身が一致するよう、すぐつくり替えられる手書きにしています。絵も添えてわかりやすく。

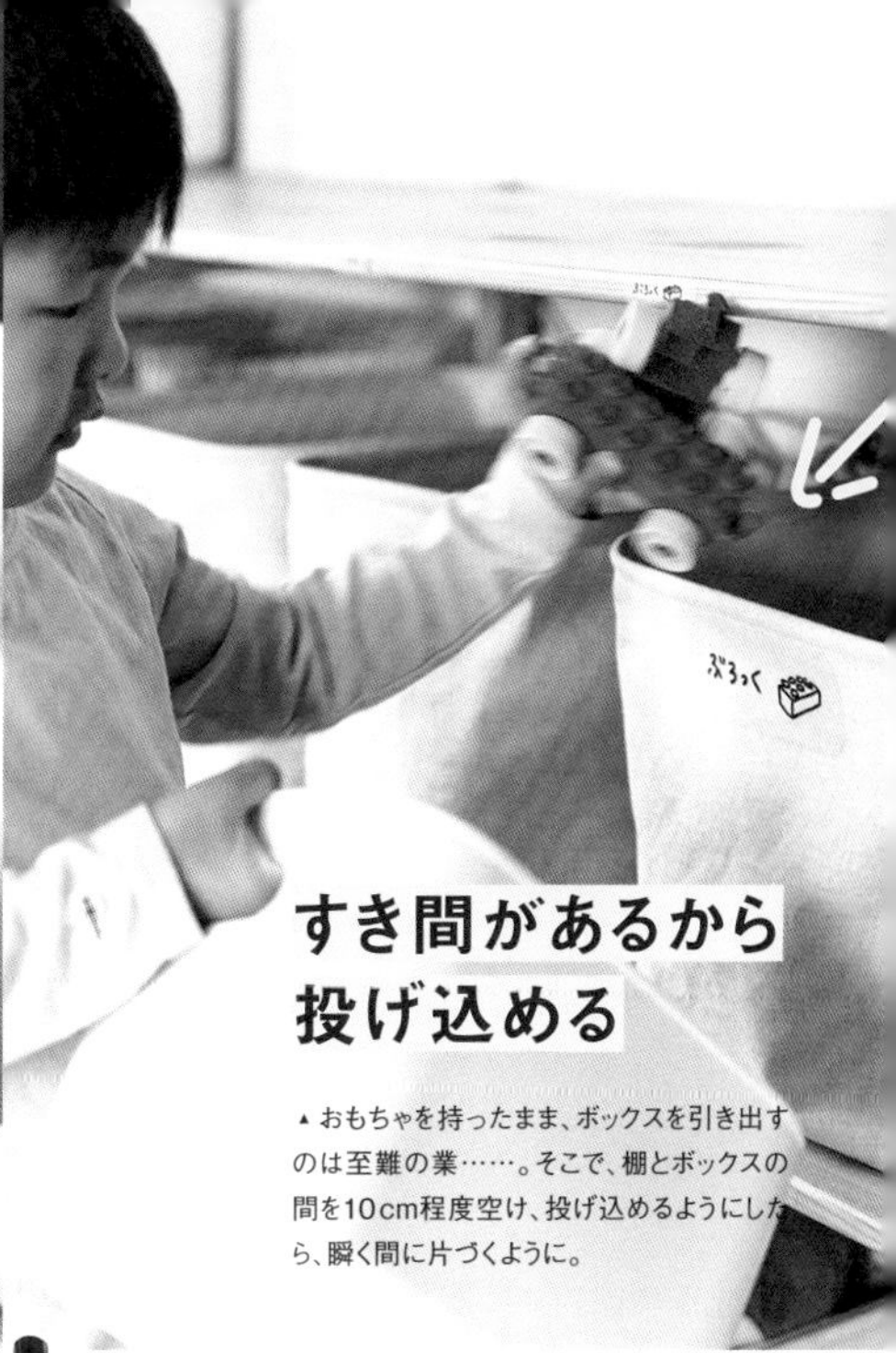

すき間があるから投げ込める

▲おもちゃを持ったまま、ボックスを引き出すのは至難の業……。そこで、棚とボックスの間を10cm程度空け、投げ込めるようにしたら、瞬く間に片づくように。

▶ラベルは養生テープと油性ペンで気軽に。養生テープは貼り替えが容易で、糊跡も残りません。はがれ防止に、角を丸くカット。

ズレないから出し入れラクラク

▶本を出し入れするたびに仕切りがズレると、子どものストレスに。そこで、ファイルボックスの背を下にして仕切りにしています。本を両サイドからしっかり支えて、安定感抜群。

▼引き出しはひとりひと棚で、左から長女、長男、次男。次男はまだ親の手を必要とするので、リビング寄りに配置しました。引き出しはイケアの『トロファスト』。すき間から中がちょっと見えるので、認知スピードが上がります。

SPOT

衣類ゾーン

子ども部屋の入り口に棚を並べて、子どもの衣類を収納。左奥に収納がありますが、LDKに近いここは、朝や入浴後の着替えがしやすく、乾いた洗濯物を戻すのもスムーズです。

棚には、服やハンカチ、ケア用品をまとめて、1カ所で身支度が整うように。引き出しは、子どもでも扱いやすいよう、小ぶりなものを選んでいます。浅くて服が重ならず、全種類が一目瞭然。すき間からは中が見え、子どもが探すのを助けます。

よく使うものは右まとめ

▲棚の左手にある造りつけ収納。長女の服は右側にまとめ、片側の扉を開ければ出し入れできるようにしています。朝に慌てない工夫。

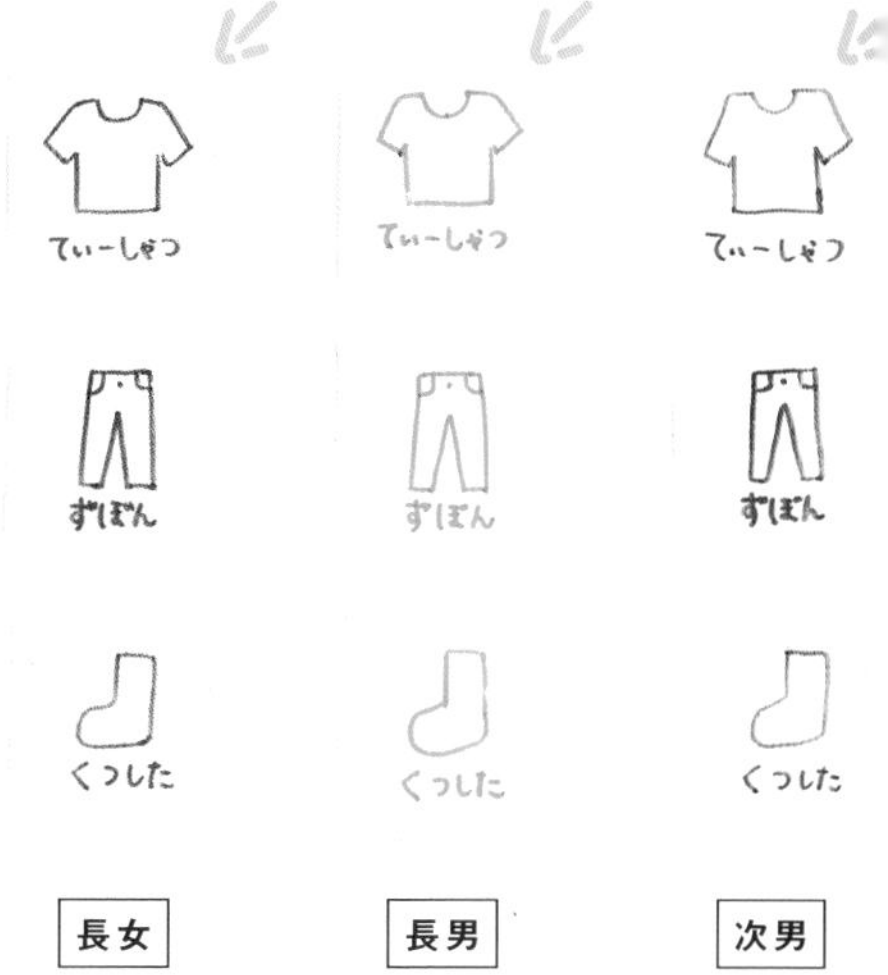

握りやすいから自分で出せる

▲持ち手が上についていると、自然に手をかけて引き出すだけなので、出し入れがラク。逆に、下についていると、逆手になって力が入りにくく、小さい子どもには難しいことも。

マイカラーだから迷わない

▲ラベルは「見るもの」。色は3人それぞれで変え、ひと目で自分のものだとわかるようにしています。種類の多い衣類は形で覚えるため、文字より絵を大きめに描いて。

ぼく・わたし専用だから片づく

▲長女、長男の宝箱。もらった手紙や気に入ったものなど、個人的に取っておきたいものを入れる場所。ひとり1ボックス用意し、自分で管理。行き場所があるから、散らかりません。

「絶対」と一緒だと忘れない

▲長女が登校時に身につけるもの。ハンカチやティッシュだけでしたが、ときどき忘れるので、毎日必ず履く靴下をこちらへ。すると、靴下を履くついでに持ち出し、忘れないように。

SPOT

学用品ゾーン

勉強はダイニングテーブルで行うので、子ども部屋には学用品の収納棚だけ。棚に置いたり、フックに引っかけたり……と簡単な収納法で、子どもが自分でできるようにしました。

ここでもやはり大事にしたのは、わかりやすさ。ものが混在しないよう、ファイルボックスで仕切りを明確に。安定感があるため、子どもが適当に戻しても崩れません。また、上着は棚に上げればOKというゆるいルールで、散らかりを防いでいます。

フックでランドセルラック

▼棚の側面にフックを引っかけて、ランドセル置き場に。プリントや教科書のそばなので、登校準備がすぐ整います。

▶シンプルな木の棚に、ファイルボックスやフックをカスタマイズ。上段にプリントや教材、習い事バッグ、側面にランドセルや翌日の持ち物を収納しています。

居場所があるから散らからない

▼ふだんはガラガラの棚も、長期休みになるとこの通り。お道具箱や絵の具セットで埋まります。あらかじめ、棚は高さに余裕を持たせて購入し、専用置き場を確保。

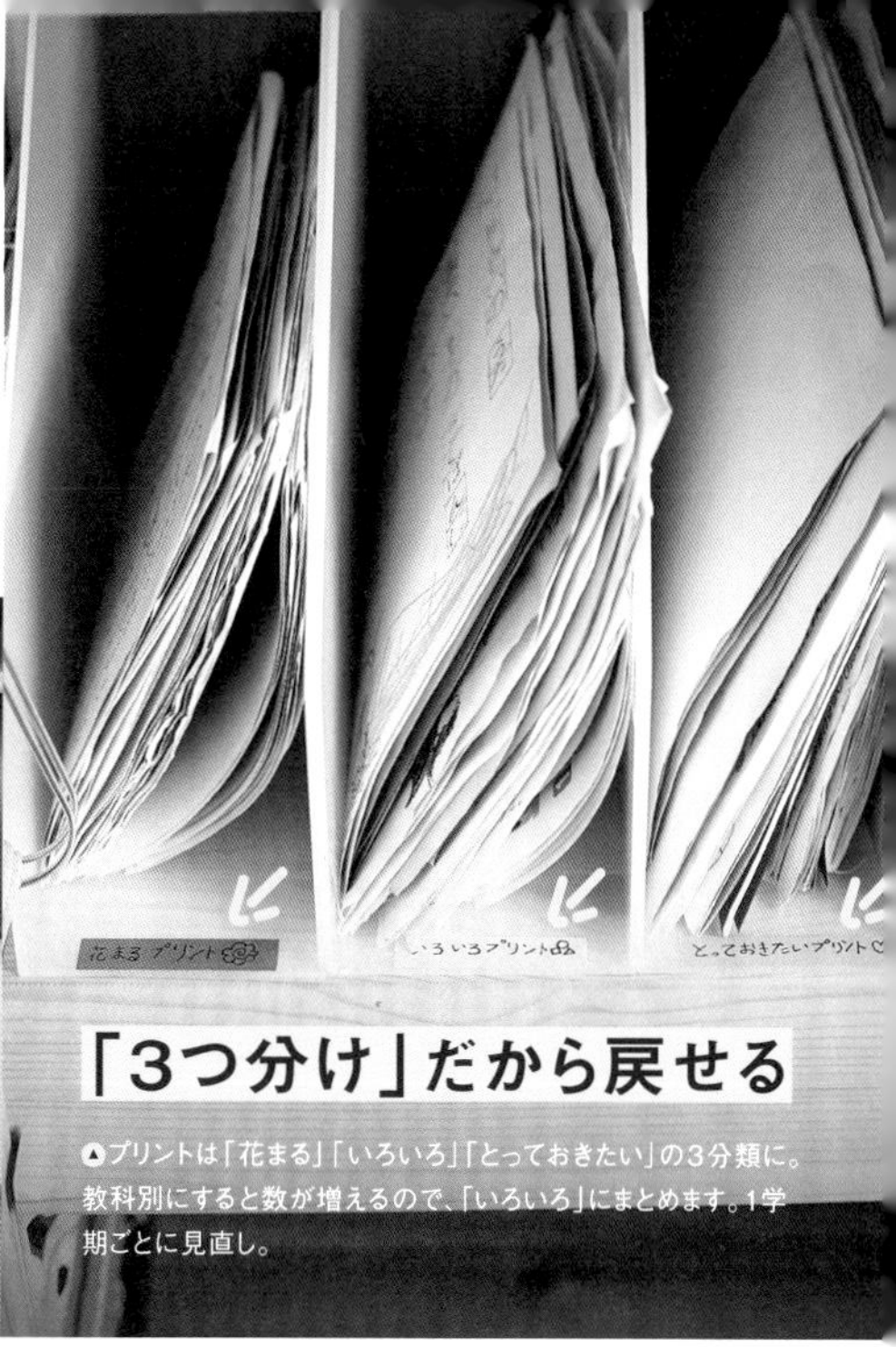

「3つ分け」だから戻せる

▲プリントは「花まる」「いろいろ」「とっておきたい」の3分類に。教科別にすると数が増えるので、「いろいろ」にまとめます。1学期ごとに見直し。

持ち出せる!

ポケットファイルで夏休みの宿題セット

教材、観察カード、絵日記、読書感想文……。夏休みの宿題は種類が多いうえに進捗状況がわかりにくいので、ポケットファイルで一元化。すると、親も子も宿題の残量がわかって安心です。1ポケット1種類にし、マスキングテープに中身を明記。帰省時の携帯にも便利です。

Idea 2

持ち帰りプリントの流れ

プリントは3つに分けて交ざるのを防止

プリントは種類が交ざるとごちゃごちゃして混乱します。
あらかじめファイルを用意し、もらったときに本人が入れ分ければ、
あとの作業がスムーズ。宿題の出し忘れも減らせます。

棚も同じラベルに

ファイルと収納場所のラベルをそろえれば、覚えやすく間違えません。ラベルを自分でつくるとなおさら。

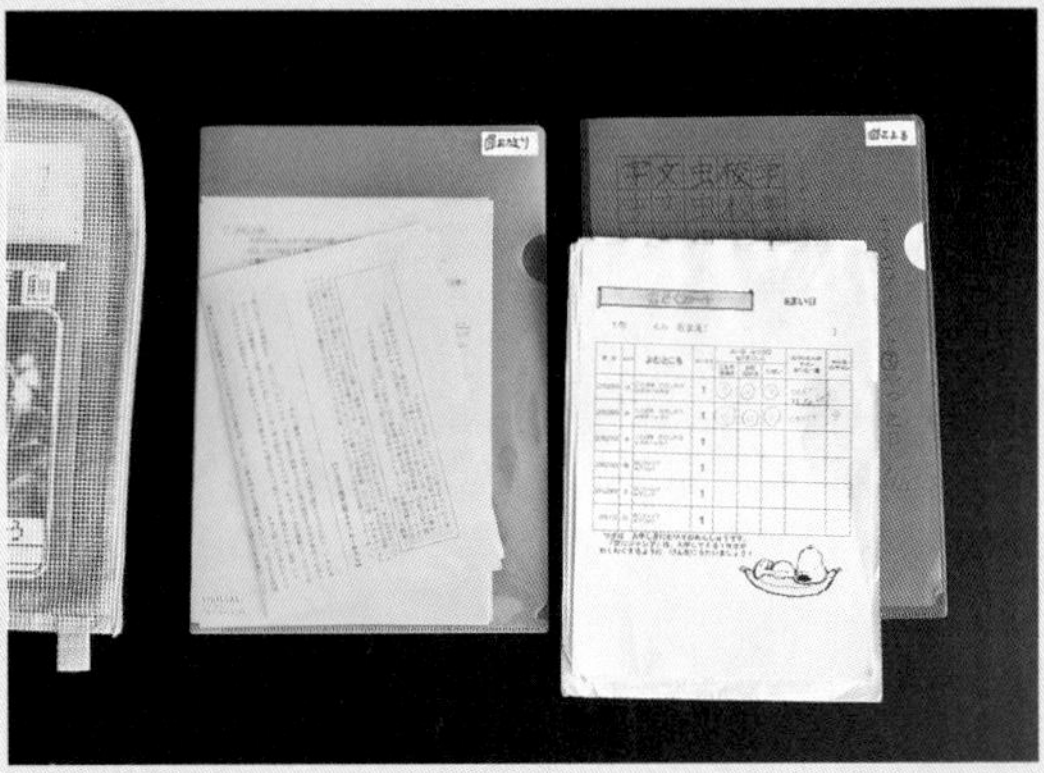

右の2つが学習用のプリント。家に残す「花まる」だけピンクファイルに入れて、学校に提出する宿題と分けています。ブルーのファイルには親に渡す「おたより」を。

STEP 1 テーブルに出す

帰宅後すぐにダイニングテーブルの上で、ケースから中身を取り出します。ブルーのファイルの「おたより」は親に。

STEP 2 プリント置き場へ

ピンクのファイルの花丸がついたものは、子ども部屋の「花まるプリント」置き場に。提出する宿題に取りかかります。

STEP 3 ケースに戻す

宿題がすんだら、ケースの中へ。中身を取り出して空になったブルーとピンクのファイルも入れ、ランドセルにしまいます。

3 絵や工作の整理法

しまい込まず、親子で見分ける機会を

どんどん増える子どもの作品は、流れをつくり、滞留させせません。そのためにも、保管用の「思い出BOX」はしまわず、出しっぱなしに。いつでも見直せるようにしています。

STEP 2 まとめる

次の作品が生まれたら、子ども部屋に移します。おもちゃ棚の上に「一時置きBOX」を用意し、その中へ。日付も記入。

STEP 1 飾る

まずは廊下の壁に飾ります。通るたびに目に触れ、子どもはエピソードを楽しげに話します。立体はリビングの棚に。

STEP 4 保管する

保管するものは「思い出BOX」へ。ボックスを仕切って人別に収納し、さらに年齢別にクリアファイルへ。

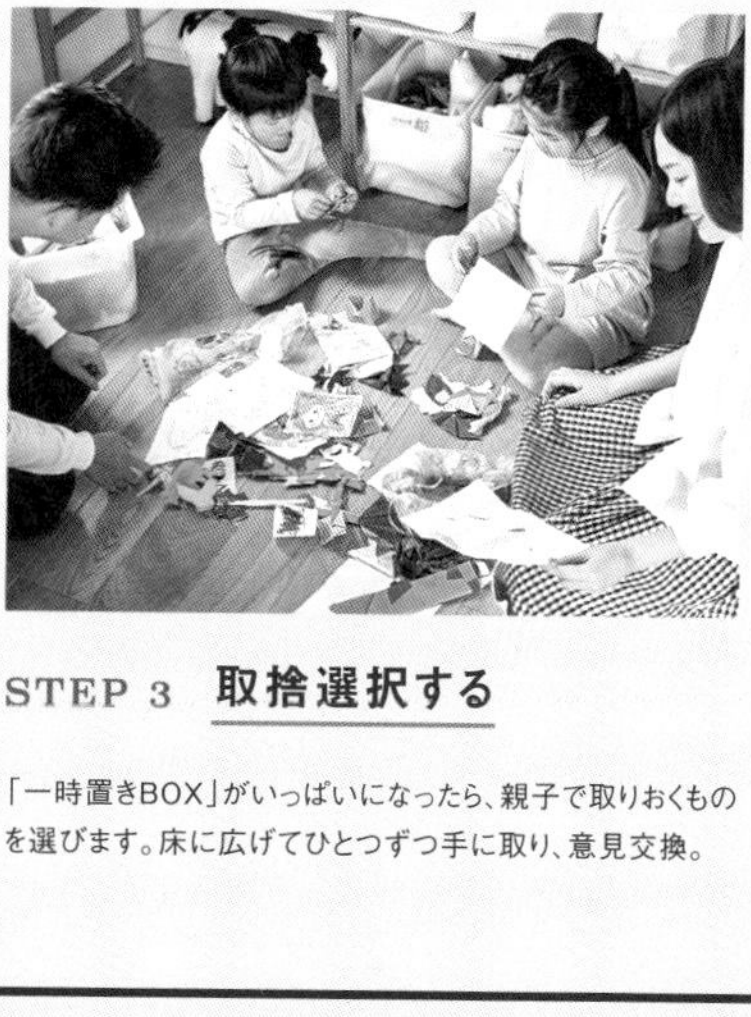

STEP 3 取捨選択する

「一時置きBOX」がいっぱいになったら、親子で取りおくものを選びます。床に広げてひとつずつ手に取り、意見交換。

PART 3

余計な収納がない部屋

4

朝食は夫、子どもの弁当づくりは私が担当。慌ただしい朝でも分担作業がスムーズなのは、収納のしくみのおかげ。

探さない・手間取らない。それだけで、だれもが使いやすい

「20分でご飯を！」という妻と、朝食準備やストック管理を担う夫。キッチンは、ふたりがラクするしくみが必要でした。たどり着いたのは、パッと見つかり、サッと出し入れできる収納。たった2つの工夫で、家事が驚くほど軽やかに回り出したのです。

Kitchen
［ キッチン ］

SPOT

シンク下

10cmで取れる配置

▼上段の引き出し最前列に、ふきんや包丁などよく使うものを。〝ちょい開け〟で出し入れできてスピーディ。

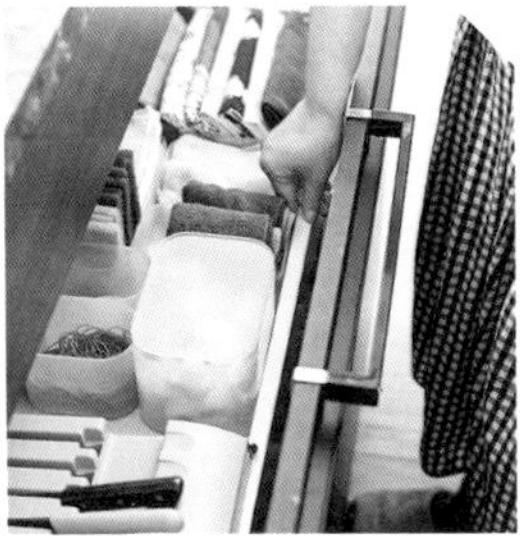

ここには、シンクまわりで使うことの多い洗剤やふきん、掃除用品などをまとめています。

下段の深い引き出しは、ものを上から積み重ねると、下のものを取り出すのが大変。そこで、ファイルボックスにものを立てて収納しています。袋留めクリップなどの小物も、埋もれないよう、収納用品をアレンジ。

とにかく、ものが一覧でき、アクセスしやすいように。「1アクション出し入れ」にこだわりました。

▲調理中は最短移動ですむよう、調理道具はすべてコンロ側に収納しました。効率よく出し入れするため、利き手の左側に1軍を。2軍調理ツールの上は食洗機、左は米びつです。

ひと目でわかるから迷わない

▲大きなスペースは、ファイルボックスで仕切り、洗剤や掃除用品を種類別に収納。上から中身が一覧できるので、迷うことなく目当てのものにアクセスできます。ものはできるだけ立て、1アクションで出し入れできるように。

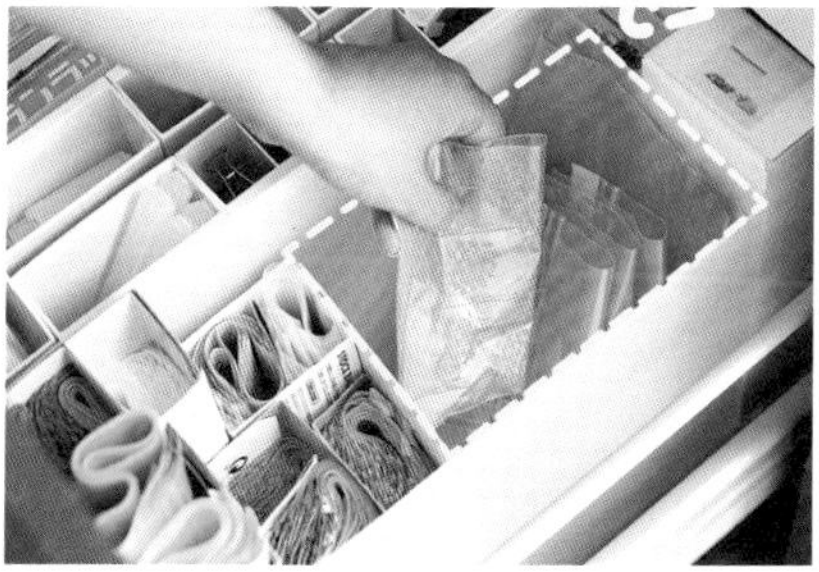

ポイ入れだからすぐ戻る

▲再利用するジッパーつき袋は、居場所を確保して散らからないように。スペースをゆったり取れば、ざっくり折って放り込むだけで片づきます。立てて入れると、取るのも1アクション。

埋没しないから見つかる

▲ファイルボックス用の小物ポケットを内側に引っかけ、袋留めクリップなどを「空中収納」。見えやすく、手に取りやすいので、使うときにモタつきません。底にはふだん使わない排水口カバーを。

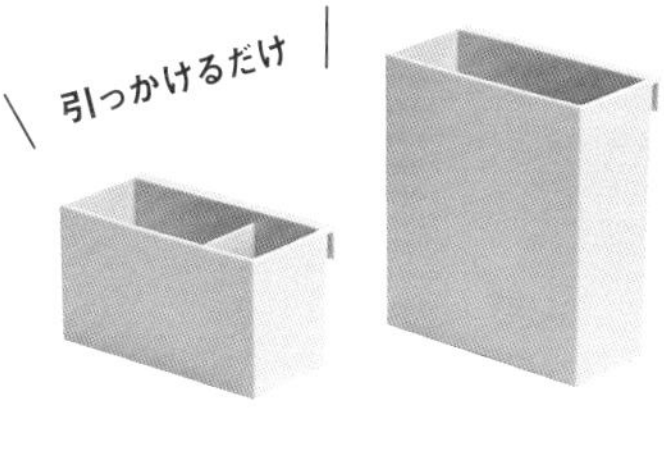

▶ファイルボックスの外側に引っかけて、ペンなどを収納するポケット。無印良品の『ポリプロピレンファイルボックス用・ポケット』(右)、『同仕切付ポケット』(左)

SPOT

作業台下

作業台は立ち位置に当たる場所で、いわば収納の〝一等地〟。すぐ下の引き出しには、もっともよく使うものを厳選して収納しています。

わが家の場合は、ラップ、ポリ袋、排水口ネットなど。ここは調理ツールや小物類と相場が決まっていますが、家庭によってものの使用頻度はマチマチ。アイテムにとらわれず、使いやすさを重視しています。

フタなしだから取りやすい

Ⓐ排水口ネットは専用ケースを卒業。フタなしのボックスに入れれば、取り出しやすく、補充もスピーディです。シリコンの輪ゴムを2本渡し、1枚ずつ引き出せるようひと工夫。

空き箱活用

◂レジ袋も専用ケースは使わず、ポリ袋の空き箱に。引き出しにピッタリ収まるサイズで、空間をムダにしません。

個室化すれば交ざらない

◂使いにくい最下段は、2軍の調理ツールを。形がバラバラでごちゃつきやすいので、ボックスに1種類ずつ入れ、混在を防ぎます。一緒に使うパーツはまとめて。

自立するから出し入れしやすい

▲仕切りスタンドと仕切りケースを使って、1マスにひとつずつ収納。互いに干渉しないので、目当てのものだけを取り出せます。作業台に近いほうに、使用頻度の高いものを。

仕切りに最適

◀無印良品の『アクリル仕切りスタンド　3仕切り』(右)、『ポリプロピレンメイクボックス・仕切付・1/2横ハーフ』(左)

SPOT

コンロ下

コンロの下は、鍋やフライパン、お玉などの調理器具ゾーン。1軍と2軍を分けて収納することで、1軍をゆったりと出し入れでき、料理や片づけの作業効率が上がります。

引き出しは仕切るアイテムを使い、ものを立てて収納。すべてが見渡せ、手を下ろすだけでサッと取り出せます。私も夫も左利きなので、調理器具は立ち位置の左側がベスト。

重ねてたっぷり

▲2軍の鍋とフライパンは内引き出しに。狭いスペースに量を収納するため、重ねています。使用頻度が低いので問題なし。

◂つり戸棚には食器も。高さを分ける「段差収納」なら、全部に手が届きます。細かいものはボックスにまとめて引き出し式に。

SPOT

つり戸棚

つり戸棚は高さで使い勝手に差が生じるため、使用頻度別に置き分けるのがコツ。下段から順に、使用頻度の高いものを収納しています。

手の届きやすい下段・中段には、よく使う食器や水筒などを。背伸びしないと届かない上段には、使い捨て食器や行楽用の弁当箱などを。

ケースは中身が見える半透明を選び、何がどこにあるかを一目瞭然に。家族のだれもがわかるようにしています。

見えているから 間違えない

▲最上段に収納した菓子型や使い捨て容器など。使用頻度が低いものは忘れやすいので、外から中身がわかる半透明のケースを選びます。ハンドルつきなら、手に取りやすい。

分けているから どちらも取れる

▲食器は重ねすぎると、出し入れで両手が必要になり面倒。コの字ラックで高さを分け、数枚ずつ分けて収納すれば、片手で出し入れできます。奥に手が届くよう、手前を低く。

バラバラだから 1アクション

▲水筒はフタをして収納すると、中身を注ぐときに開ける手間がかかります。乾いてもフタはせず、ボックスにポイポイ。フタと本体は分けて収納します。

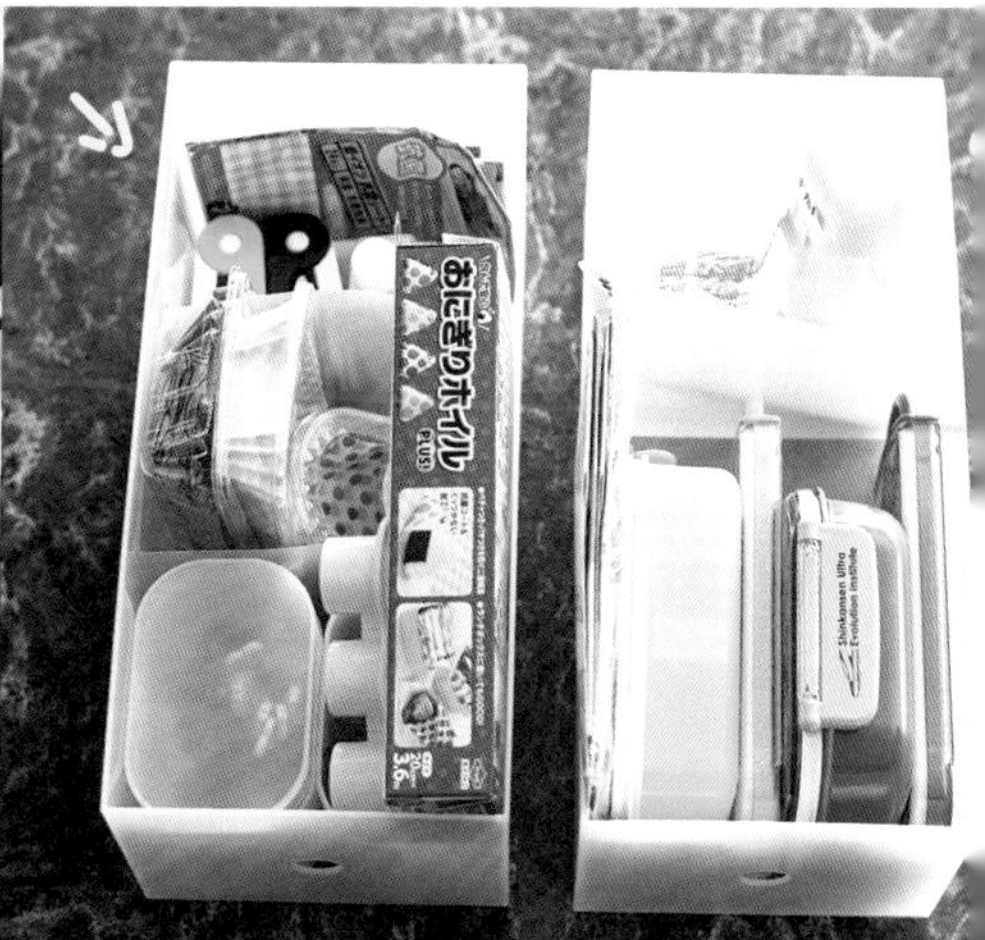

セット化すれば 出し入れ1秒

▲弁当用のピックや抜き型をボックスにまとめて、あちこちからかき集める手間をカット。作業台に置けば、パパッと選べます。使用後に戻すのもスムーズ。小物と箱物を分けて。

▲種類の多い菓子やカトラリーは、交ざるとものの在りかがあいまいに……。引き出しをケース で仕切り、所在を明確にしています。

SPOT

カウンター収納

▲上段にカトラリーと茶葉、下段にコップと食品ストックを。使いにくい下段は奥までのぞかず取れるよう、最前列によく使うものを配置(左ページ)。

食品ストック、茶葉、おやつ……。湿気を嫌がる飲食物は、すべて背面のカウンター収納に。消耗品でこまめに補充するため、フタなしケースで全容を見せています。

仲間どうしをケースに入れ分け、「どこに何?」を一目瞭然に。立てて収納すれば、「どのくらい?」と残量がひと目でわかります。

カトラリーやコップもまとめ、お茶やおやつの準備がサッと整うようにしました。

しまわないから すぐ使える

▲ほぼ毎日使うスタメンのカトラリーは、家族全員分をケースにひとまとめに。食洗機から出したらケースに入れ、テーブルそばに移動。子どもがテーブルに配膳します。

分けているから 迷わない

▲カトラリーは同じ種類でも、ふだん使いと来客用を分けています。別々のケースに収納して重ね、上にふだん使いを。「上のを取って」のひと言で、家族は迷わず取り出せます。

レールを敷けば ちゃんと戻る

▲コップを収納した下段は、奥行きがあるうえ、かがんでの作業がネック。そこで、細長いトレーを並べて、引き出せるように。隣と交ざらないので、戻すときに迷いません。

小さく買うから あふれない

▲かさばるおやつは収納を圧迫しがち。でも買い方を工夫すれば、省スペースですみます。袋菓子は避け、小パックのチョコやクッキーを。カトラリーと同じ引き出しに。

見えているから探さない

バラバラだから取りやすい

▲麦茶のパックは、ひとつずつ切り離してボックスへ。片手で取り出せ、サッと使えて便利です。湿気対策でフタつきを選びましたが、指で軽く押し上げるだけで取り出せます。

▶食品を収納したファイルボックスは、あえて高さが低いものを。すき間から見つけやすく、手を入れて引き出せます。半透明を選べば、扉を開けた瞬間に中身がわかります。

秒単位

フタつきは目的で選ぶ

数を調整したい場合

数が決まっている場合

フタつきケースは目的によって使い分けます。決め手はフタの開閉スピード。右はスピードが速いので、ジェルボールなど数が決まっているものを瞬時に取り出したいときに。左はフタが固定できるタイプ。考える時間を稼げるので、お麩など時と場合で数を調節したいものに。

Idea 4 ごみ箱とごみ袋

縦置きスリムで、分別の数を確保する

家の中の不要品をスムーズに排出するには、ごみ箱の役割が重要。家族が分別に迷わず、出し入れがしやすいものを選びます。わが家はすき間に収まる上積み型を。

ごみ袋は中にセット

ごみ袋のセットを簡単に。コード用のフック4個を横向きに貼り、輪にしたヘアゴムを引っかけて、ごみ袋を通すだけ。

紙袋はシンクの下

ごみ箱の上に紙袋を置いて、古紙入れに。紙袋のストックは、シンク下に収納しているので、取り替えがスムーズ。

不燃ごみは玄関で待機

使用済みの乾電池などは、収集の頻度が少ないうえに「たまってから」と出し忘れがち。すぐ捨てられるよう、玄関で管理。

分別は捨てやすい高さで決定。一番下は、4段目がいっぱいになったら入れ替えます。リスのごみ箱は、フタがワンプッシュで開くうえ、奥行きが浅くて省スペース。

SPOT

冷蔵庫

私の調理時間は毎食20分。つくりおきはしないのでゼロからのスタートです。そのため、冷蔵庫収納は時短を追求。決め手になるのは、出し入れのしやすさと見やすさです。

奥のものをサッと取れるよう、細長いトレーを引き出して使用。半透明なら中身がパッとわかります。調味料も市販のパッケージのまま。場所、種類、残量……。すべての情報を瞬時に把握することで、時短につなげています。

大物はチルド室を利用

▼チルド室はスペースに余裕があるので、鍋ごと冷蔵したいものやケーキなど、「突然の大物」はここで保存。

▼食材を棚にじか置きすると、交ざって探すのが面倒。奥行きぴったりのトレーを並べ"コース分け"すれば、混在を防げて一発で見つかります。

グルーピングすれば使いやすい

▲左がハムやソーセージの加工品で、右がいろいろなチーズ。役割が同じものをまとめると、選びやすく、献立に悩みません。買い物時の在庫チェックも簡単。

1歩の距離だからすぐ出せる

▲コンロ後ろの冷蔵庫は最高のパントリー。手を伸ばせば取れるので、みそ汁の乾物を収納しています。トレーにまとめ、作業台に出してから選べば、扉の開閉もスムーズ。

目につくから忘れない

▲賞味期限が間近なものや開封して使いきりたいものをトレーにまとめて。置き場所は、上から中身が見える最下段。缶詰など常温保存するものも、ここで一元管理。

詰め替えないから見つかる

▲調味料は詰め替えボトルを使いません。料理酒やみりんは、色が似ていて識別が困難だからです。市販のパッケージは「これは何?」がひと目でわかり、家族が迷わず取り出せます。

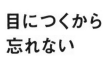

家族が使う場所。スケスケとフタなしで、わかる・戻る

洗顔、入浴、洗濯……。毎日の汚れを落とす洗面所は、こまめなリセットできれいに。使ったものを戻しやすいよう、扉や引き出しの中は丸見えにし、1アクションで終わらせます。

Washroom
[洗面所]

◀中央下段は私のコンタクトレンズとスキンケア用品、中段は夫のコンタクトレンズとうがい薬、化粧品サンプル、上段はアロマオイルと予備のボトル。

SPOT

鏡裏

鏡裏収納は、中が見えないハンデを背負った場所。しかも扉を開ける手間がかかるので、中のものは1アクションで取れるようにしました。

収納用品はなるべくフタなしを選び、ものは立てて収納。コンタクトレンズは補充時に切り離しておけば、1個だけサッとつかめます。

また、広い壁面で探さずにすむよう、透けるケースで中身を「見える化」。瞬時に場所がわかり、あちこち探しません。

ペンスタンドを活用

▲歯ブラシの収納に、省スペース大容量のペンスタンドを採用。透明で中身と汚れが見えるのが気に入りました。手前からの出し入れもラク。

見えているから迷わない

▼左が夫の身支度品、右がグルーミング用品。透明のケースに入れて、扉を開けた瞬間に「何がどこに」がわかるように。右はセリアの『ヴィフ クリアボックス9』。

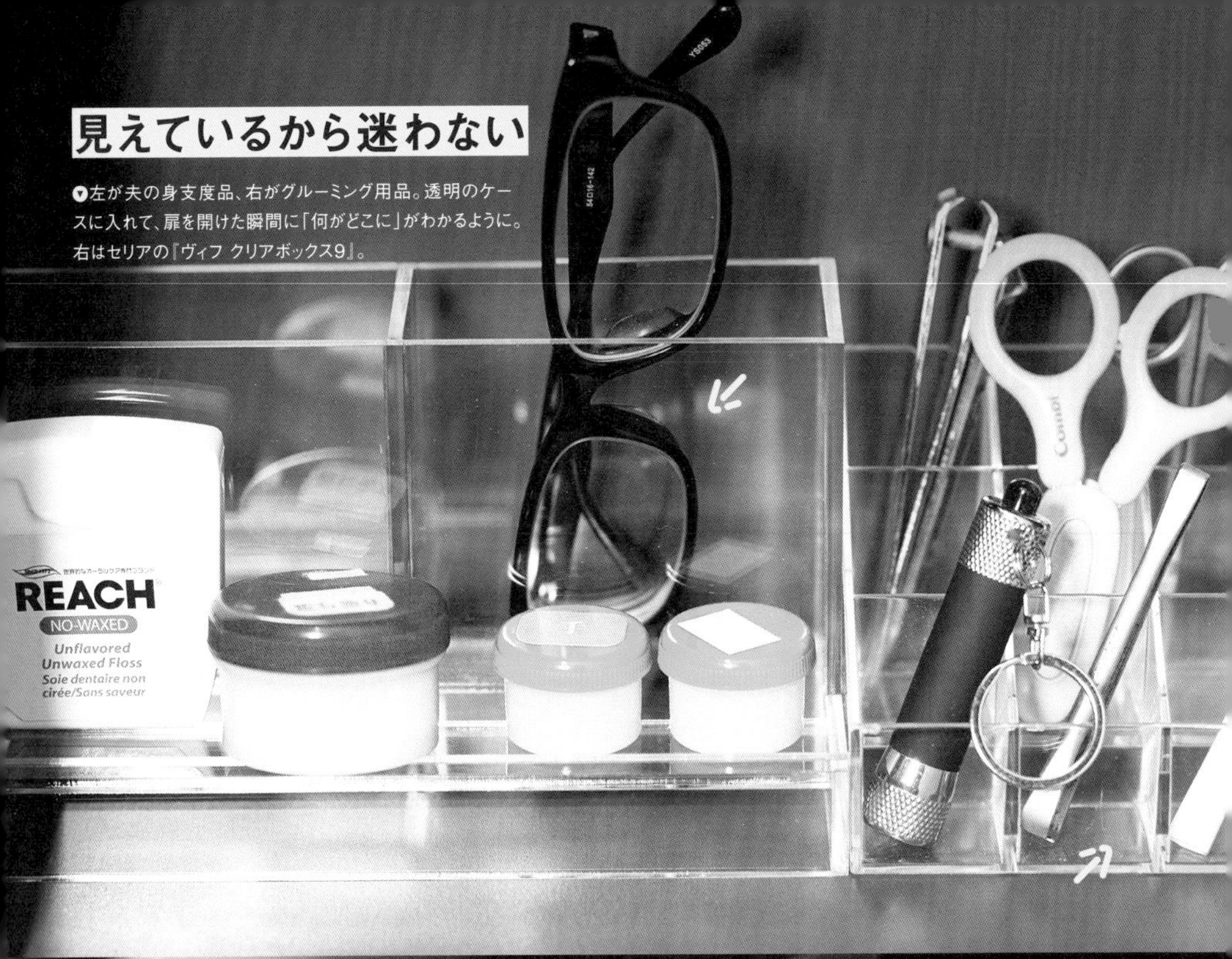

目につくから使いきれる

▶化粧品サンプルをコンタクトレンズの隣に。毎日使うものと一緒なら、目に留まって使いどきを逃しません。仕切りつきのボックスに種類別に入れて、それぞれの残量を明らかに。

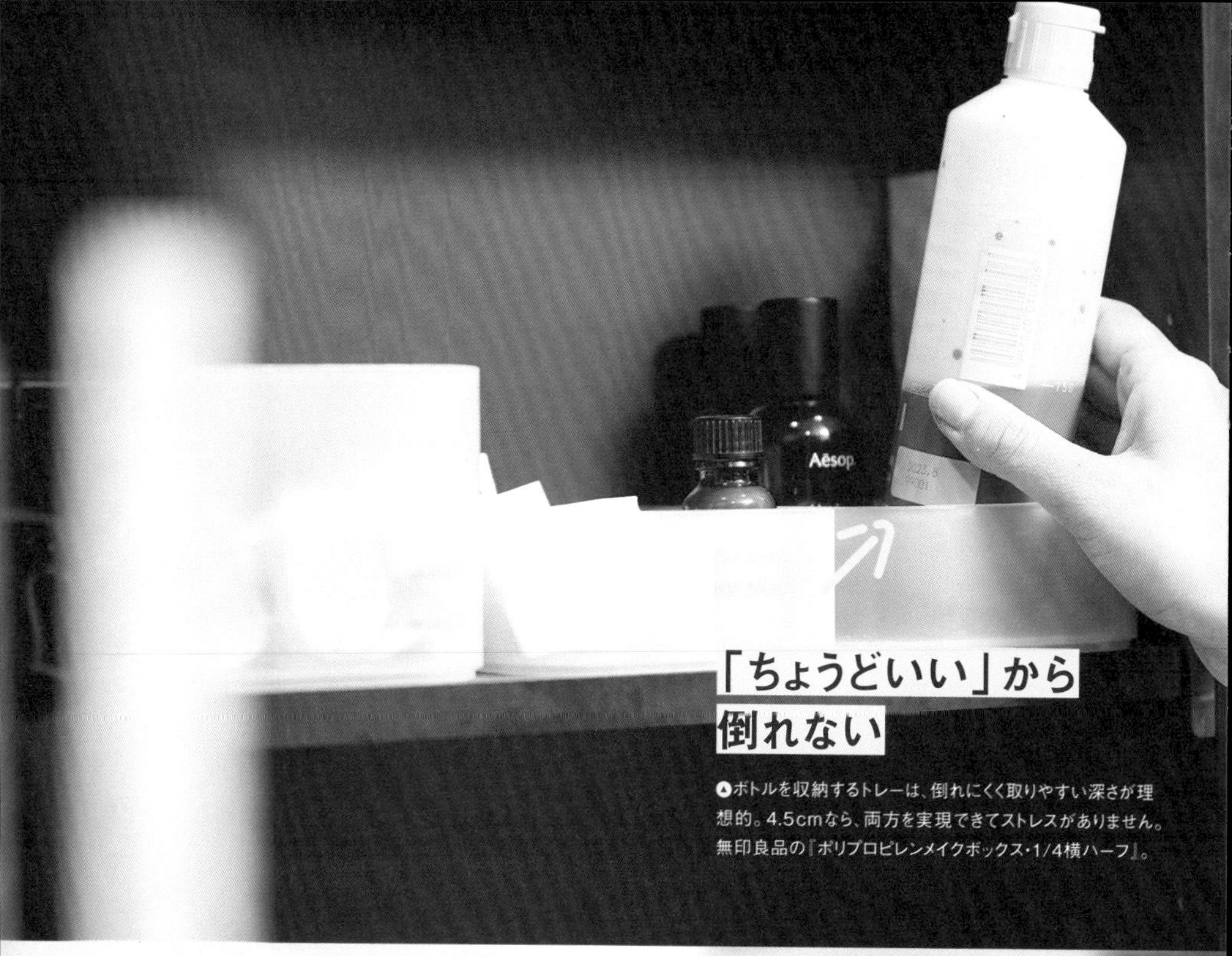

「ちょうどいい」から倒れない

▲ボトルを収納するトレーは、倒れにくく取りやすい深さが理想的。4.5cmなら、両方を実現できてストレスがありません。無印良品の『ポリプロピレンメイクボックス・1/4横ハーフ』。

バラバラだから取りやすい

▶コンタクトレンズはバラバラに切り離し、ボックスへポイポイ。並べる手間がいらず、1個つかむのがスムーズです。きれいに並べても、取り出したあと崩れてかえってストレス……。

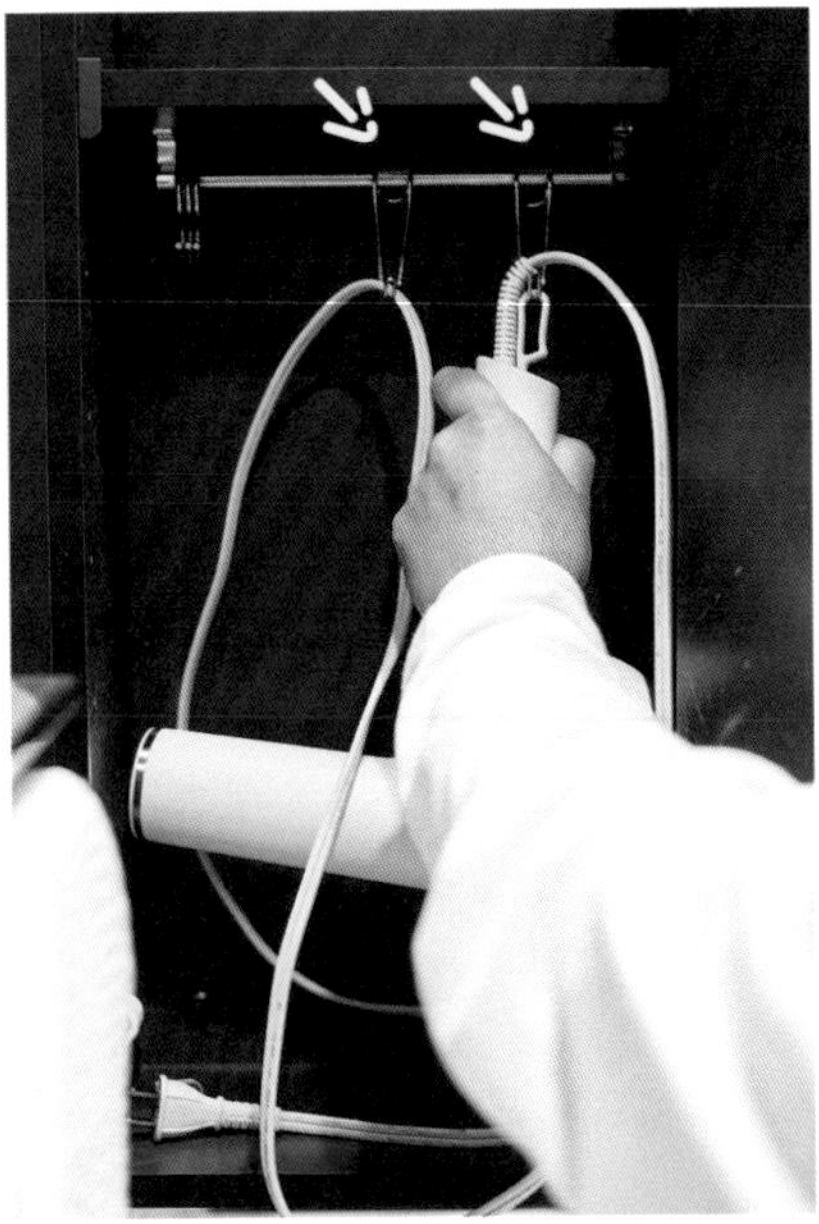

引っかけ式だから片づく

▲毎日使うドライヤーは、フックにつるして出し入れを簡単に。フックは横ブレしにくいタイプを2つ用意し、本体とコードを別々に引っかけます。コードを巻いて収納すると傷むのでNG。

動かないから出しやすい

▲綿棒を取るとき、ケースがズレないよう、手で押さえるのがプチストレス。耐震ジェルで固定すれば、片手で1本ずつ取り出せます。ジェルの厚みは、ケース底の脚の深さに合わせて。

だから戻る!

子どもが自分で決める ヘアゴム収納

ヘアゴムは子ども部屋の衣類ゾーンに収納していたのですが、洗面台の上に散らかるので、母娘で見直し。すぐ下の引き出しを提案したところ、娘はノー。そこで洗濯機にフックをつけ、「引っかけ収納」にしたら、片づくように。写真のフックは輪ゴムかけ。子どもでも1本ずつ取り出せます。

Idea 5

タオルの持ち方

数や色を決めて、管理しやすく

タオルの選び方ひとつで、洗濯の負担が大きく変わるもの。
色やサイズ、枚数を吟味し、
洗う→乾かす→たたむ→収納の工程をラクにしています。

浴用タオルは、洗濯量の軽減と速乾性を考え、フェイスタオルを使用。ひとり3枚持ち、使用中、洗濯中、洗濯済みと、タオルの動きがわかるようにしました。マイカラー制なら、それぞれが気持ちよく使えます。

上下はあえて違う色

手拭きタオルは、上段を大人、下段を子どもが使用。色を変えれば、かけるときに迷いません。かける状態にたたみます。

たたまず、まとめる

子どもは3人一緒に入浴するので、タオルは重ねて4つ折りに。1枚ずつたたまず一気に片づけます。

SPOT

洗面台下

腰をかがめて出し入れする洗面台下は、使用頻度の低いものを。シャンプーや歯ブラシなど、顔・体のケア用品のストックをまとめています。

ストックの管理は夫の担当なので、補充しやすいよう、収納をひと工夫。種類別にファイルボックスに入れて交ざるのを防止。半透明で高さの低いファイルボックスなら、もののありかが一目瞭然です。さらに「立てる収納」にすれば、ものが積み重ならず、管理がスムーズ。

仕切っているから迷子ゼロ

▾ボックスに仕切りケースを入れ、こまごましたものを分けて収納。交ざらないようにすれば、見つけやすく補充もラク。しかも倒れません。

▾高さのある洗面台下は、ものを積み上げがち。ファイルボックスを置いて立てて収納します。扉裏を利用し、掃除に使う手袋の収納を。

分けているから使いやすい

▶上段の引き出しにメイク道具を使用頻度別に分類。中をボックスで仕切り、手前に1軍、奥に2軍と旅行用やストックを収納しています。朝は1軍のポーチを洗面台へ。時短です。

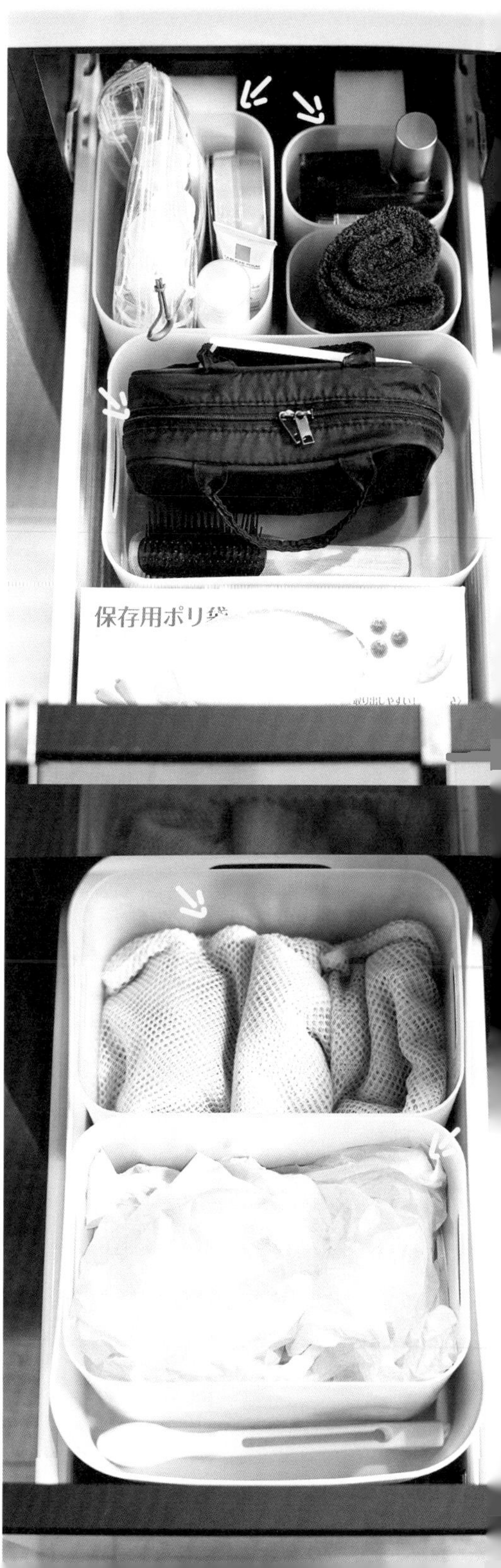

スポンジでズレ防止

▲出し入れのたびに、ボックスが動くとプチストレス。そこで、掃除用のメラミンスポンジを引き出しとボックスのすき間に挟んで固定。

たたまないからすぐ戻る

▶下段の引き出しには、洗面台の扉裏で使うごみ袋を。ボックスに入る大きさにざっくり折るだけなので、たたむ作業を後回しにしません。奥は2軍の洗濯ネットで、こちらもポイ入れ。

靴洗いバケツとしても

▲無印良品の『やわらかポリエチレンケース・中』を靴の浸け置き洗いに使用。引き出しにすっぽり収まるサイズなので、収納場所に困りません。

◂重さのある洗剤は、ボックスに「小分け収納」。高い位置でもラクに出し入れできます。洗濯用洗剤のほか、掃除用洗剤や道具もここに。

SPOT

洗濯機上

わが家は朝と夜の1日2回洗濯するため、ランドリースペースは機能性を重視しました。

棚の下段には、よく使う洗剤を配置。扉を開けたら1アクションで出し入れできるので、洗濯をすぐスタートできます。ジェルボールなら1個を放り込むだけでOK。また、洗剤が途中で切れてもすぐ補充できるよう、ストックも下段にスタンバイ。洗濯の流れを止めず、一気に終わらせます。

頻度分けで使いやすく

▾右のメラミンスポンジはふだんの風呂・洗面台掃除に、左のウエスや長手袋は大掃除に。小さく分ければ収納を確保しやすく出し入れもラク。

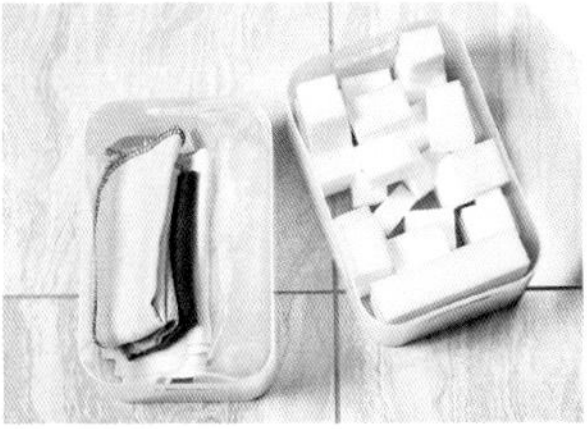

引っかかるから出し入れしやすい

▶手が届きにくい上段には、無印良品の『ポリプロピレンメイクボックス・1/2』を。取っ手がやや下にあり、指を引っかけやすいので、背伸びせずに引き出せます。

避難場所があるから散らからない

▼夜のうちに洗濯→乾かした服は、朝夫がたたんで出勤。時間がないときは、浴室乾燥機から引き上げてボックスへ。「そのへん」に置きっぱなしにしないので、洗面所がスッキリ。

量れるから安心

▼朝の洗濯は夫が担当。市販品のキャップは容量を示すメモリがわかりやすく、起き抜けでもパッと量れます。きっちり量りたい夫にとってノーストレス。

分けて、仕切る。服は混ざらなければごちゃつかない

服はハンガーで「見える収納」。引き出しにしまうものは、はっきりと分け、混在を防ぎます。ざっくり折って立てれば、種類がわかって管理がラク。

▲手前にトップスとボトムス、奥にアウターとストールを。秋冬、春夏で入れ替え、季節外は枕棚のボックスに収納。

▼クローゼットは寝室の入り口にあり、起床後の着替えがスムーズ。服、バッグ、小物のすべてを収納。

Wife's closet
[私のクローゼット]

たたまないから すぐ戻る

▼服はできるだけたたまず、ハンガーにつるして。脱いだあと元に戻りやすく、散らかりません。ハンガーを洗濯干し用と同じにすれば、かけ替える必要もなし。

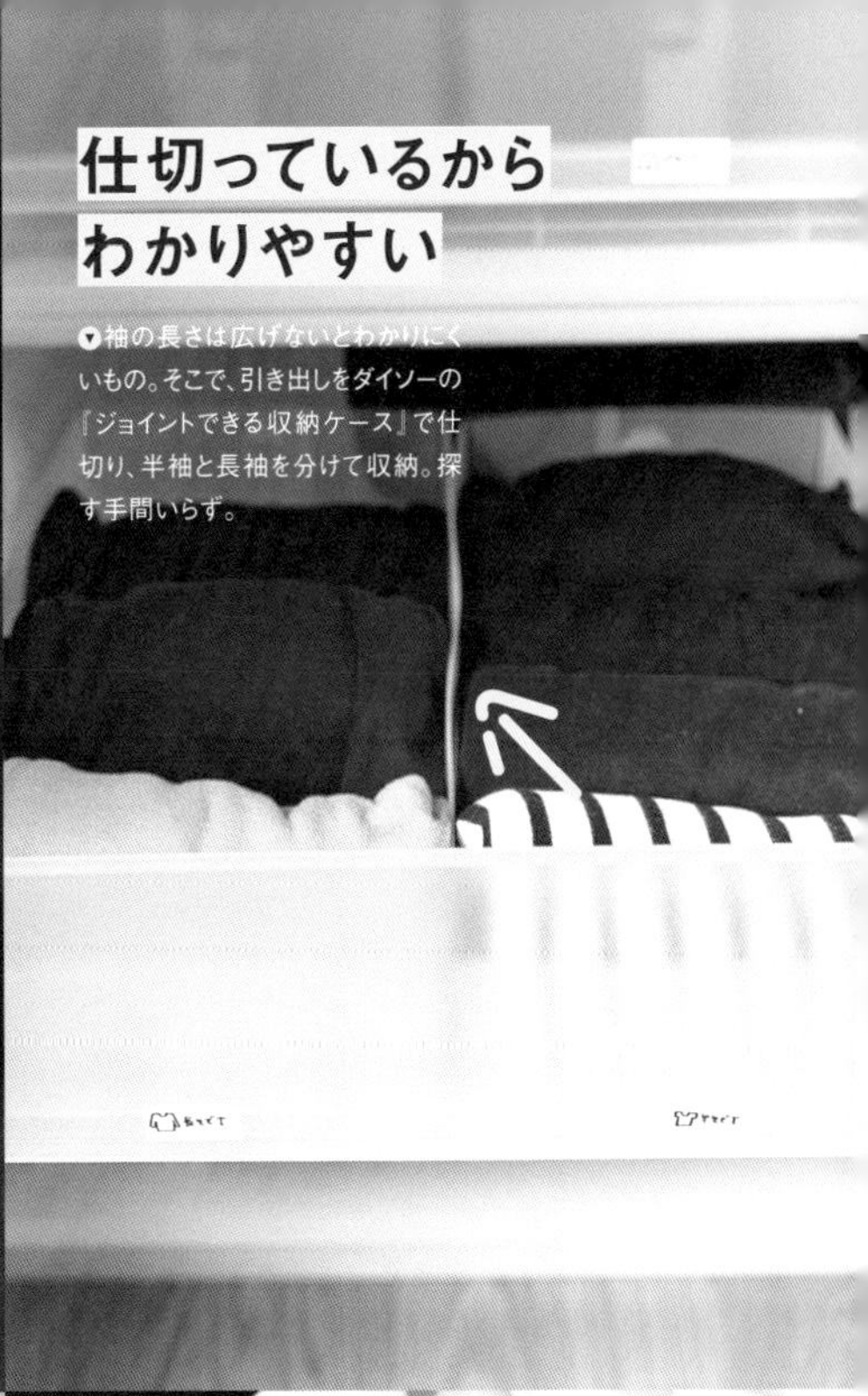

仕切っているから わかりやすい

▼袖の長さは広げないとわかりにくいもの。そこで、引き出しをダイソーの『ジョイントできる収納ケース』で仕切り、半袖と長袖を分けて収納。探す手間いらず。

移動先があるから 分けられる

▲あまり着ない、劣化がひどい、似たものがある……。洗濯や着替えで気になったものは、最下段の引き出しに。捨て候補を分けておけば、服をため込まず、整理のきっかけにも。

分けているから 探しやすい

▲シワが気になるボトムスは、一年中出しておきがち。季節外やキャンプなどはく機会が限定されるものはボックスにまとめて枕棚へ。ハンガーバーをゆったりと使います。

居場所があるから散らからない

◂ アウター下のデッドスペースに、ボックスを設置。散らかりがちな部屋着を入れる場所にしています。朝の着替えで脱いだらポイッ。一度着ただけでは洗濯しない服もここ。

見渡せるから選びやすい

◂ お出かけ用やフォーマルなど、使用頻度の低いバッグをひとまとめに。上から種類がわかるよう、アクリルの仕切りスタンドに立ててイン。いつも使うバッグは玄関に。

6 服の持ち方

いつもブラウス。下だけ替えて、悩まない

「毎日服を替えなきゃ」というのがストレスで、
思い切って制服化。仕事着は「白いブラウス」と枠を決めたことで、
探さず、悩まず、すべてがラクになりました。

同じ白ブラウスでも、襟の形や袖口、ボタンなどディテールの違いで、与える印象が変わります。
写真のブラウスはグランマ ママ ドーター。

マドラスチェックは万能

多色使いのマドラスチェックは、なんにでも合うためコーデがラク。白ブラウスのアクセントにぴったり。

3足が回しやすい

洗い替え+1で気持ちに余裕を。ボトムスを選ばない3色をそろえています。左右の足の形に合った靴下はファルケ。

ボトムスだけ選ぶ

朝のコーデで考えるのは、ボトムスのデザイン。取材や現場作業など、動きやすさでパンツやスカートを選びます。

やり方は人それぞれ。口を出さないから片づく

下駄箱収納に、洗濯ネット仕切り。
夫が考える収納は、まさかの連続！
でも本人が困っていなければ、
それでOK！
収納の方法は
人の数だけ存在します。

▲右に仕事や平日用、左に趣味や休日用を。引き出しケースの脇には、通勤バッグの置き場所を確保しています。

▼物干し場の一角にあるクローゼット。寝室と洗面所に近いので、朝の身支度がスムーズ。

Husband's closet

［ 夫のクローゼット ］

眺めたいのね

▲野球帽のコレクションは「飾って楽しみたい」とのリクエストで、「見せる収納」に。扉裏に取りつけた帽子ハンガーにひとつずつ引っかけ、選びやすく、取りやすくしました。

なんで洗濯ネット？

▲靴下とTシャツを同じ引き出しに。靴下はビジネス用と2軍を分けるため、「箱仕切り」を提案したところ、洗濯ネットにポイッ。本人がノーストレスのため、そのままに。

靴下の……場所！

▼なんと、下駄箱のスニーカーに休日用の靴下を収納。靴下とスニーカーの色を合わせているそうで、夫が自分で決めました。ある意味、コーデがラクで合理的かも!?

片手で取れる！

▶リングに引っかけて連結する山崎実業の『ジョイントハンガー リングス』。取りつけ用のドアフックも同梱。5個入り。

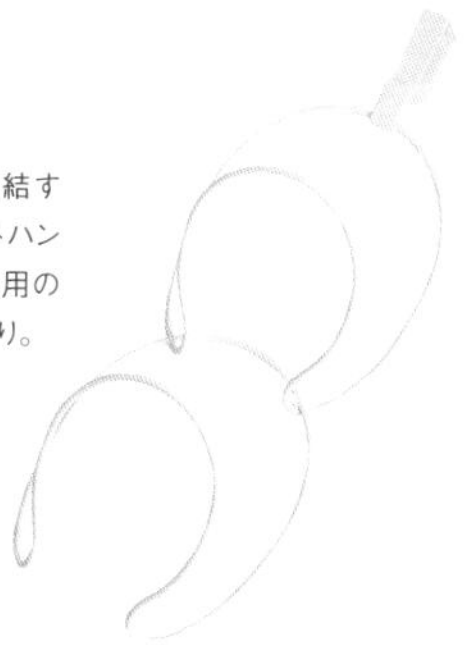

見せる・まとめる。ときどき使うものこそ選びやすく

▼上から火気器具、日用品ストック、備蓄用の食品、衛生用品ストック、夫のリュックと抱っこ紐、お出かけグッズ。右手が玄関で持ち出しやすい。

備蓄用の食品や日用品のストック、火気器具、お出かけグッズ……。
これらはすべて非常時に役立ちます。
わかりやすくまとめ、
見せて選べるように。忘れない工夫で、
いつでも持ち出せるようにします。

Hall
［ 廊下 ］

ローリングストック法だから ムダにしない

▲食品ストックのうち、非常食にもなるカップ麺などを収納。ここから使うようにすれば「期限切れ」になりません。トレーにのせて、奥のものの出し入れを簡単に。

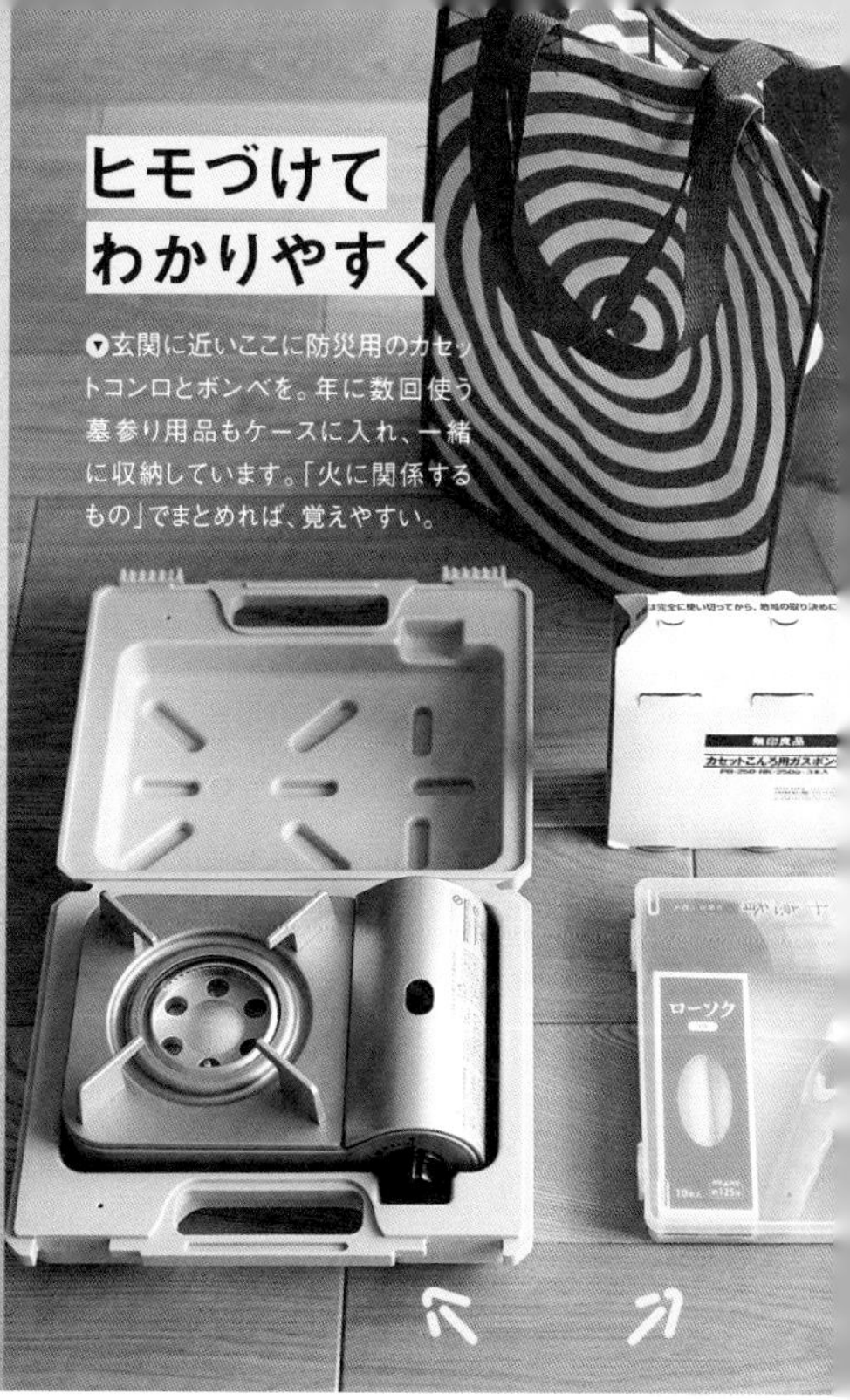

ヒモづけて わかりやすく

▼玄関に近いここに防災用のカセットコンロとボンベを。年に数回使う墓参り用品もケースに入れ、一緒に収納しています。「火に関係するもの」でまとめれば、覚えやすい。

ITEM

火気器具・ストック品

植木鉢の受け皿で代用

▼奥行きの深いトレーが見つからなかったので、プランター用の受け皿を活用。頑丈で食品を入れてもしなりません。

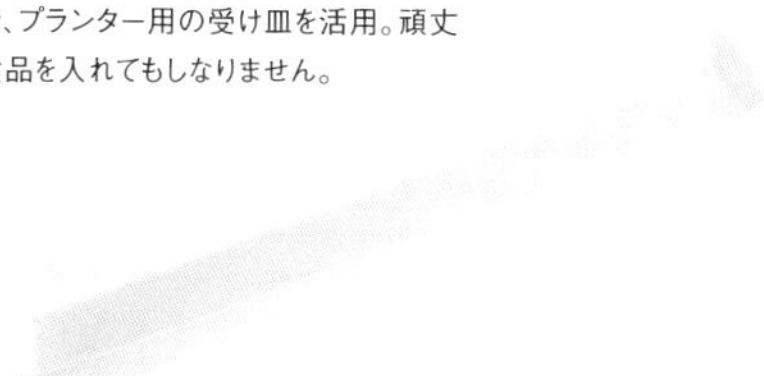

廊下収納には、備蓄用の食品や日用品のストックなどを収納。玄関に近い場所なので、非常時の持ち出し品としても使えます。

毎日使うわけではないので、できるだけしまい込まず、ものを見せて収納。トレーを使って奥まで引き出せるようにすれば、「うっかり期限切れ……」なんてことがなし。

カセットコンロやろうそくもここ。バッグは火を連想させる赤にし、直感的に取れるようにしています。

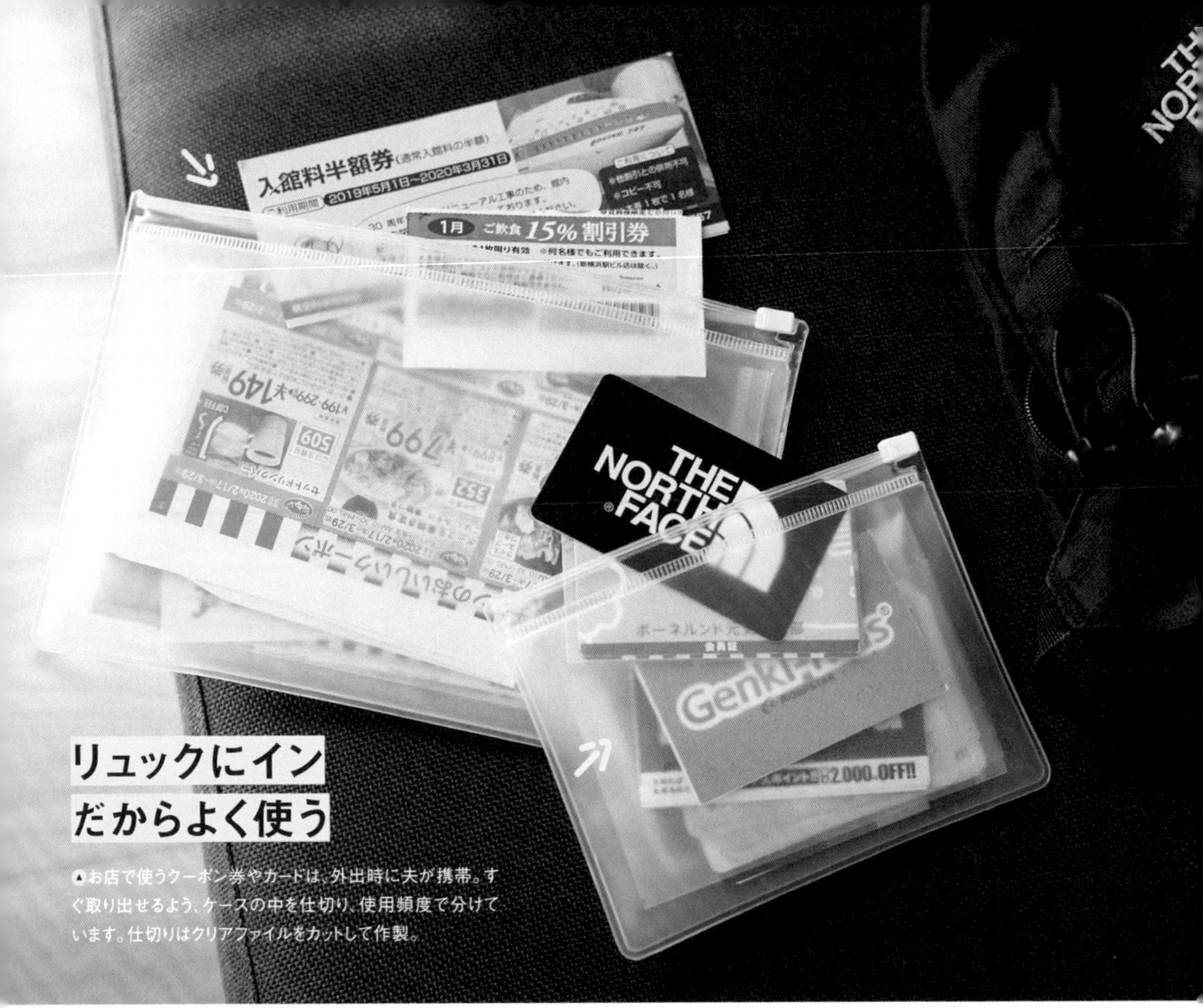

リュックにイン だからよく使う

▲お店で使うクーポン券やカードは、外出時に夫が携帯。すぐ取り出せるよう、ケースの中を仕切り、使用頻度で分けています。仕切りはクリアファイルをカットして作製。

ITEM

お出かけグッズ

子連れでのお出かけは準備だけで大変！　公園、花火大会、レストラン……と行き先や季節がさまざまで、持ち出し品も変わります。

わが家は、「この一式があれば間違いない！」という基本のセットを用意。これに、公園なら日焼け・虫除けグッズ、夏ならハンディ扇風機というふうに、必要なものを加えます。中身が見える袋に入れ、ボックスに立てて収納。すると、パッと選べて、準備がすぐに整います。

片手で取れるマスク収納

▼扉裏にマグネットパネルを貼り、ティッシュボックスホルダーを固定。マスクを箱ごと差し込みます。フタをカットすれば片手で取れて便利。

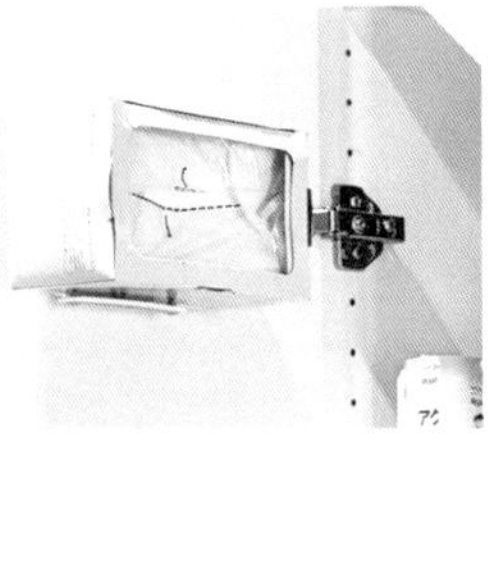

まとめているから慌てない

▾外出時に必ず持ち出すものは、バッグにまとめて出発をスムーズに。右から時計回りにおむつセット、子どもの着替え、レジャーシート、長男と次男のバッグ、お絵描きグッズ。

＼すぐ動ける！／

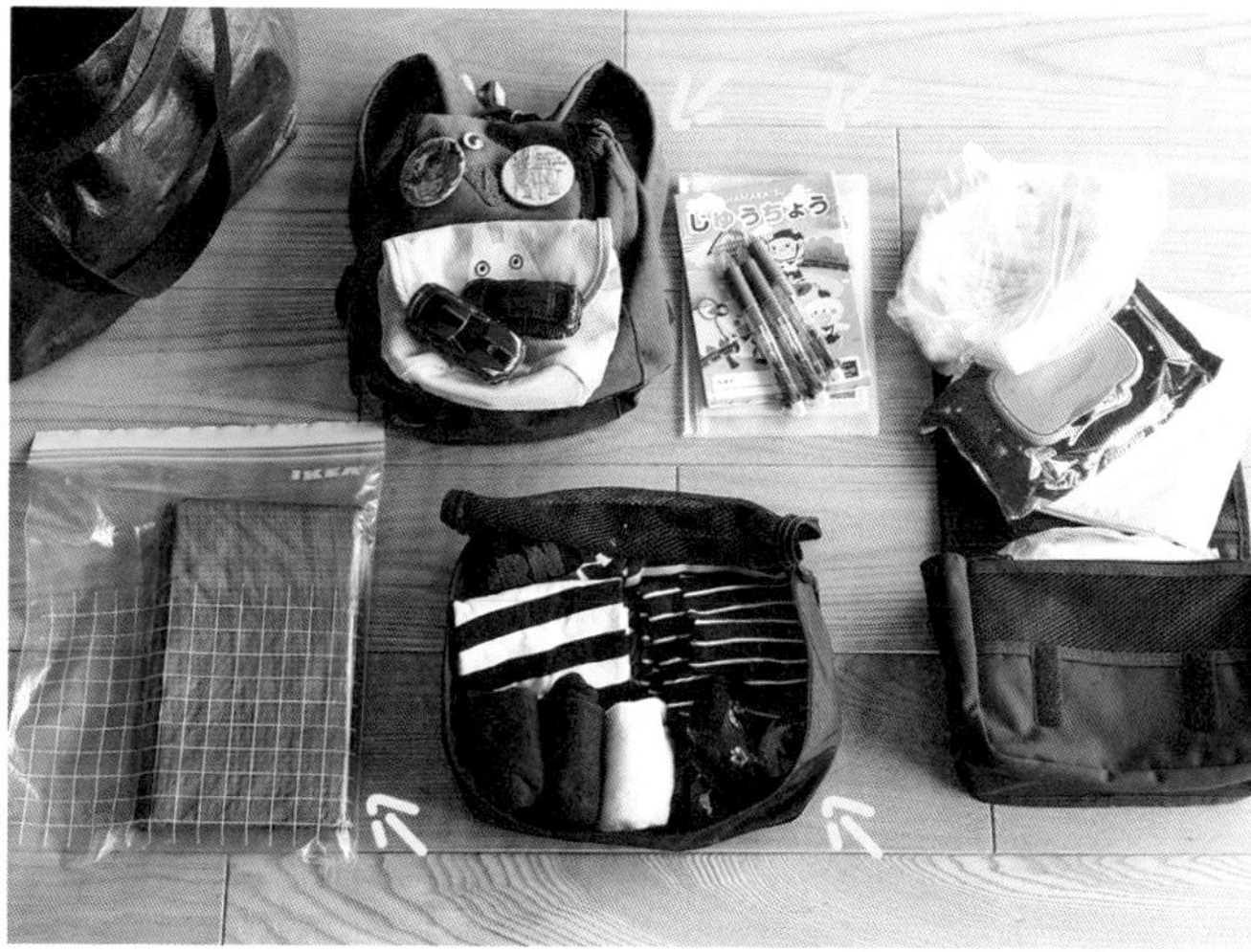

見えているから選びやすい

▾季節や場所で選ぶ、2軍の持ち出し品。透明やメッシュの袋に入れて、中身が見えるようにしています。菓子やジュース、日焼け・虫除けグッズ、ハンディ扇風機など。

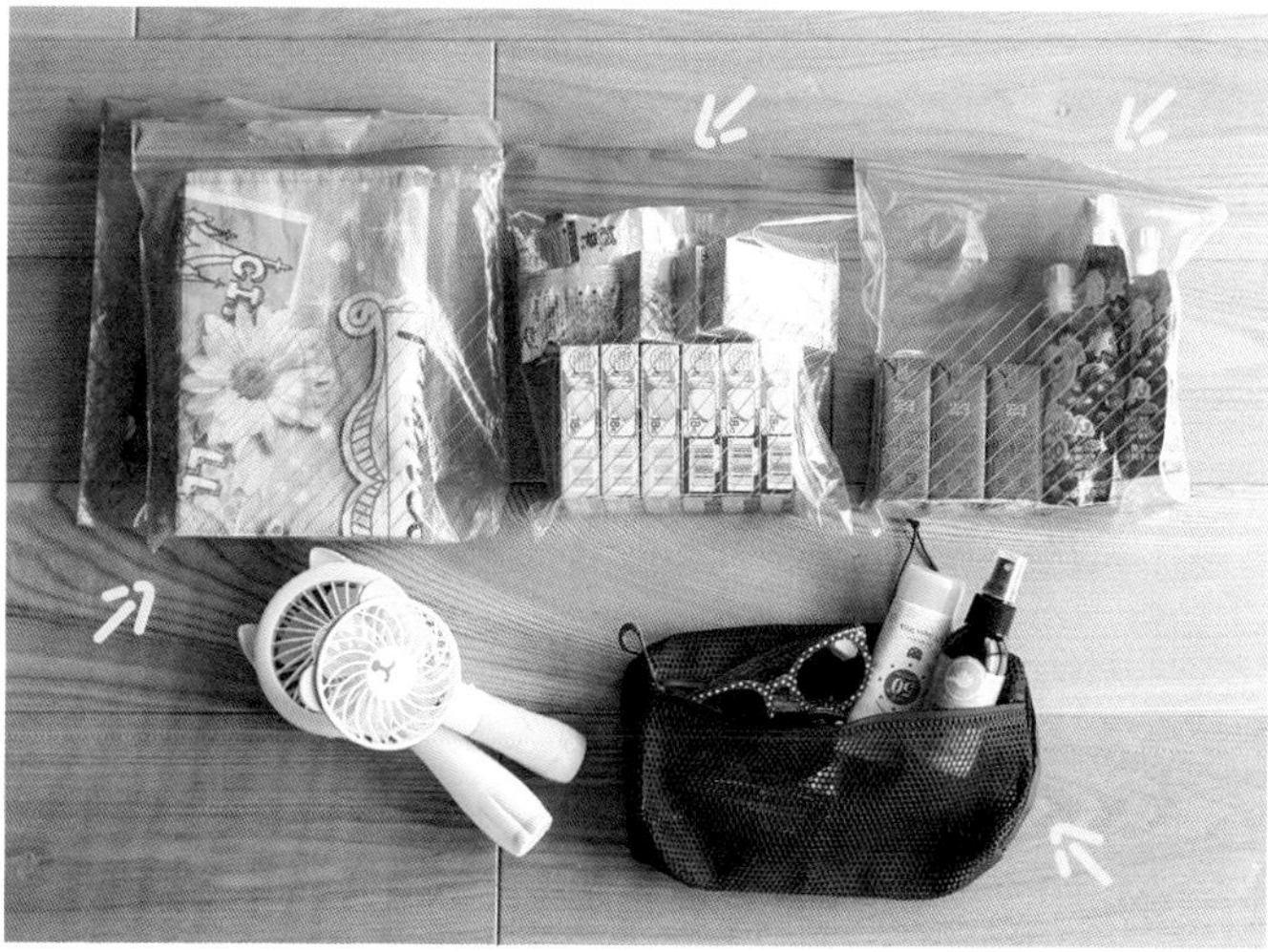

＼すぐ見つかる！／

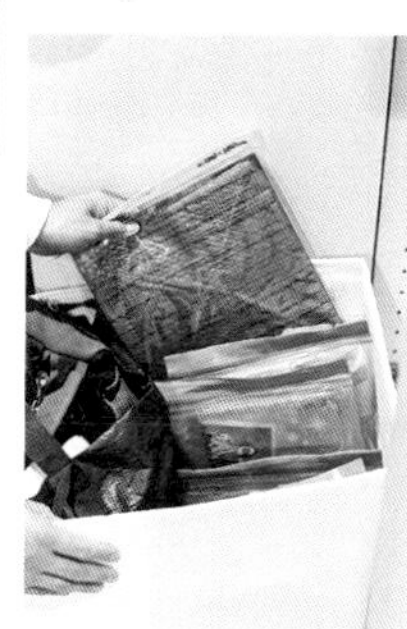

靴から鍵まで。戻る場所があるから、ラクに片づく

もの出入りが激しい玄関は、小さなものまで住所を。置き場所がひと目でわかり、ものに直接手が届けば、迷わず持ち出せ、戻すのも簡単です。

▲出しているのは各自1足分の靴だけ。スリッパも床に置かず、扉裏に「引っかけ収納」しています。左側最下段は防災用の持ち出しリュック。

Entrance
[玄関]

まとめているから慌てない

▲玄関扉を開けて「ちょっと寒いな……」というときのために、薄手ジャケットを用意。家族分そろえ、メッシュケースに入れて5段目に立てています。靴を脱いで取りに戻る必要なし。

「いろいろボックス」で散らからない

▲靴ブラシ、サングラス、縄跳び……。居場所の決まっていないものをバラバラ置くと、散らかる原因に。「いろいろボックス」を用意すれば下駄箱がスッキリ。最上段でスタンバイ。

ゾーン分けで間違えない

▲靴は家族の身長に合った高さに。人別に段を分け、テリトリーをはっきりさせることで、迷わず出し入れできます。小さな子どもの靴は、棚をコの字ラックで二分し、3～4足収納。

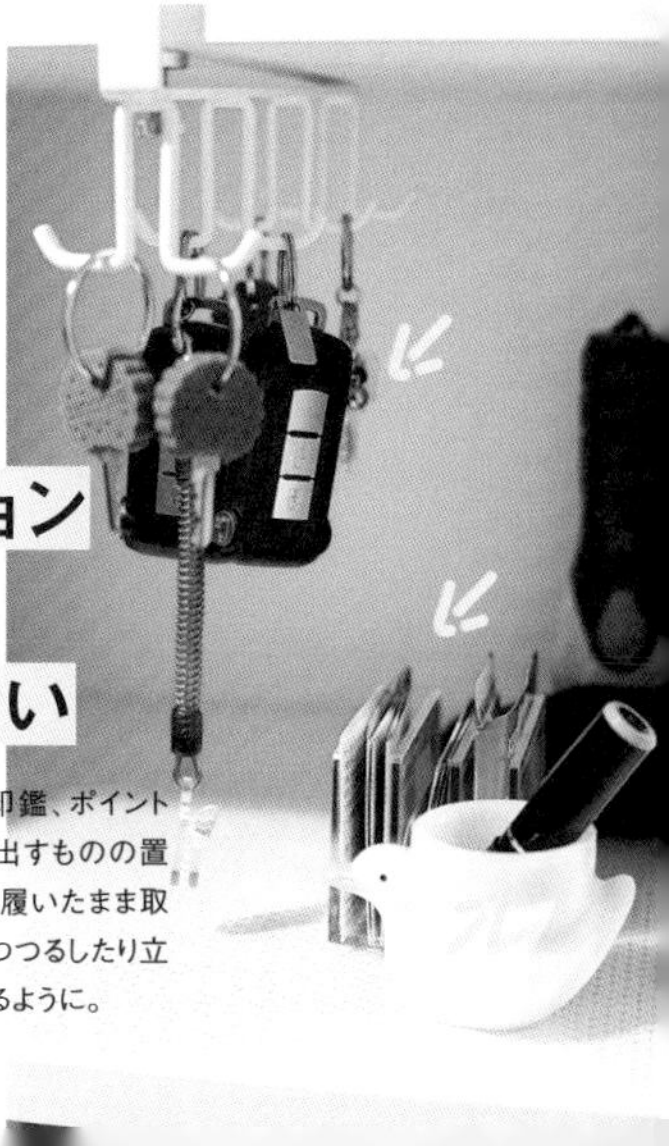

1アクションだから取りやすい

▶扉の近くに、鍵や印鑑、ポイントカードなど、外に持ち出すものの置き場を。ここなら、靴を履いたまま取り出せます。ひとつずつつるしたり立てたりし、片手で取れるように。

＼ ポイッ ／

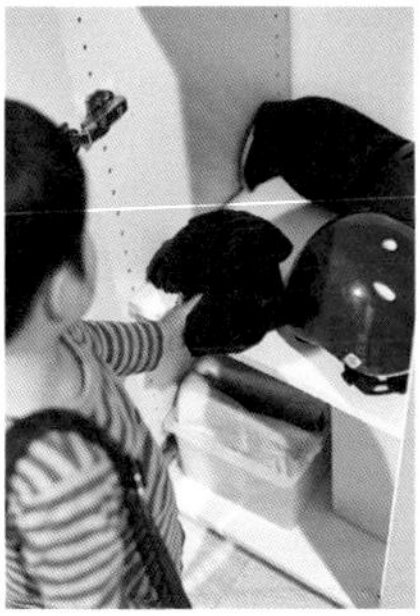

放り込みだから片づく

▲上着は部屋に着て入ると脱ぎ散らかすので、玄関で着脱。つっぱり棒を渡しハンガーを用意していますが、まずは定位置に戻すことから。中に収まればOKにしています。

SPOT
玄関収納

玄関ホールの収納のおかげで、わが家の玄関はスッキリ！「ただいま～」の流れで、上着やバッグなど身につけていたものをポイポイ。基本は棚に置くだけなので、子どもでもラクに片づけられます。

棚にはほかに、折りたたみ傘や保護者会用スリッパなど、忘れがちなものやサッと持ち出したいものを。

限られたスペースは置くものを厳選し、ゆったりと並べることで、使える収納になります。

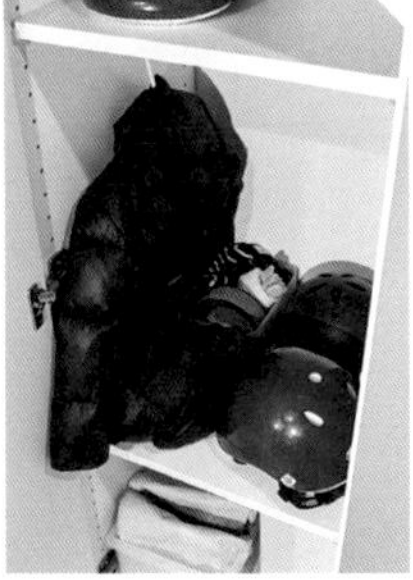

冬は小物ケースをセット

▲耳当て、手袋……。冬は身につけるものが多いので、ボックスを2個セットし、その中にポイッ。種類別に分ければ、迷わず取り出せます。

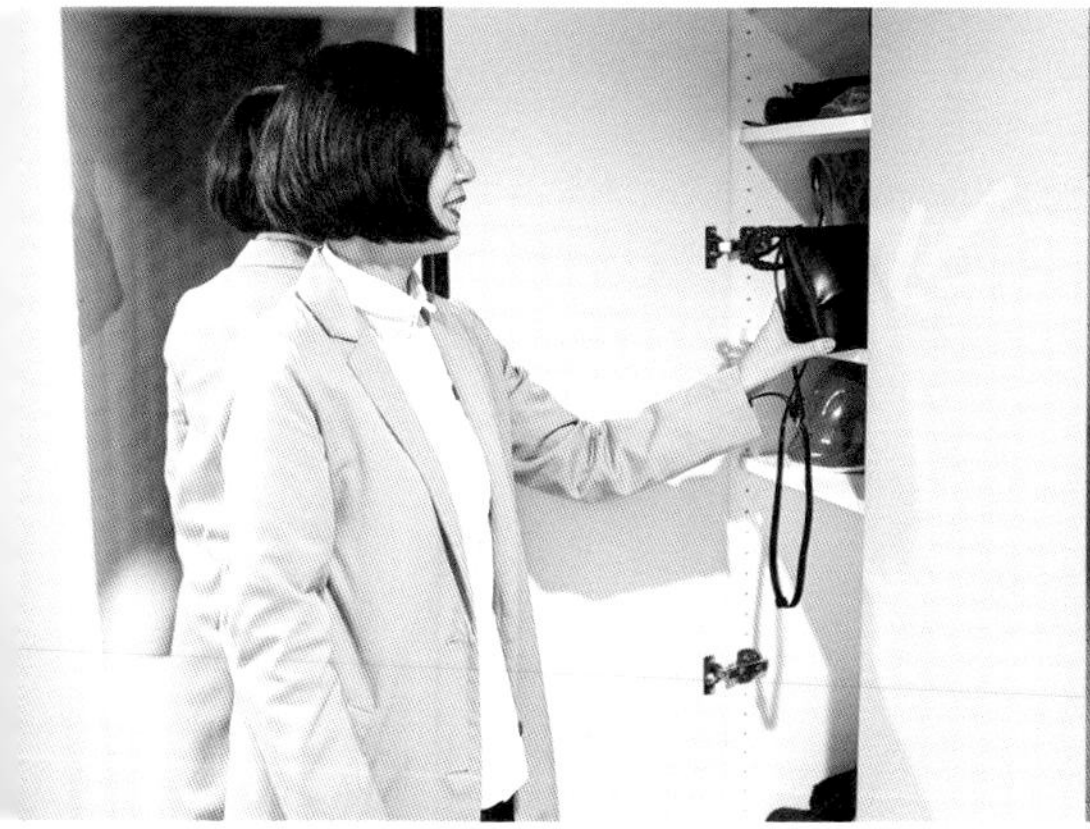

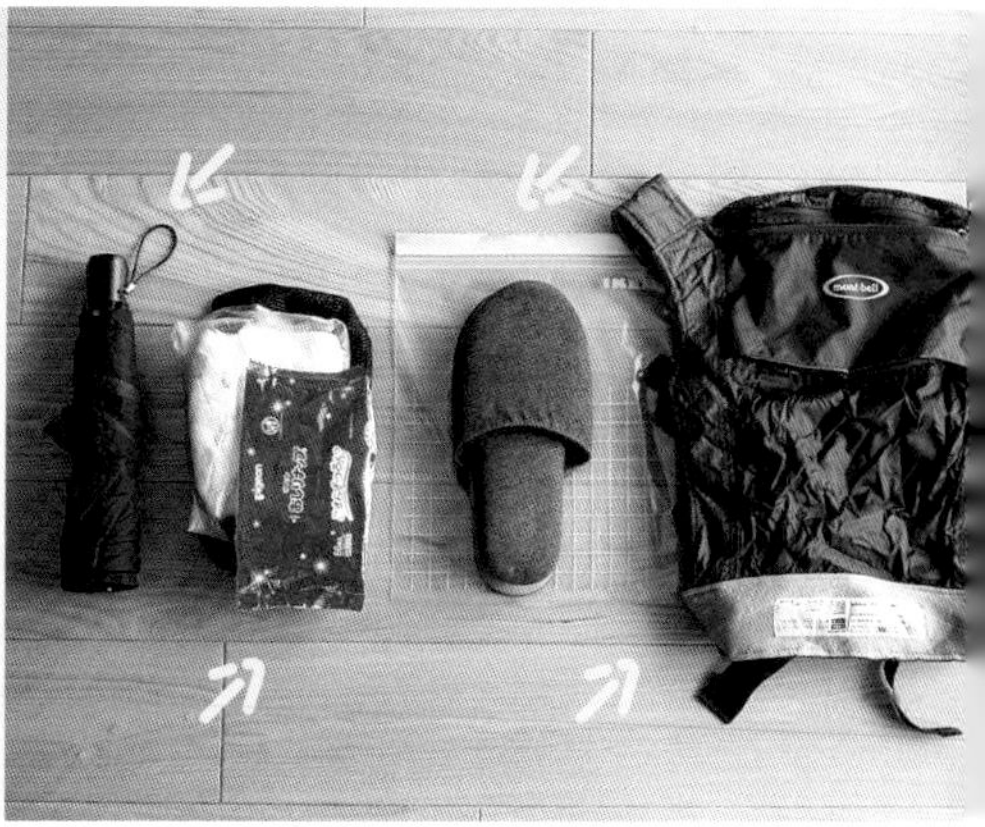

入って1歩だから元に戻る

▲散らかりやすいバッグは、ラクにしまえる4段目を定位置に。靴を脱いだらスマホだけ手に取り、ポイッと投げ入れます。隣のリュックは仕事用で、中身を取り出して収納。

選んでいるからすぐ持ち出せる

▲上から2段目に、ときどき持ち出すものを。ひとつずつ並べているので、サッと手に取れます。右から抱っこ紐、保護者会用スリッパ、1回分のおむつセットなど。

自動発注

空き箱チェックで買い物ラクラク

最下段のボックスには、日用品の空き箱を。買い物担当の夫がわかるよう、商品パッケージを撮影し、リスト代わりにしています。

スマホで撮影

夫が買い物に行く前に、ボックスの中身を撮影。容量やメーカーをいちいち伝えずにすみ、お店で商品を探すのもラク。

《

空箱をポイポイ

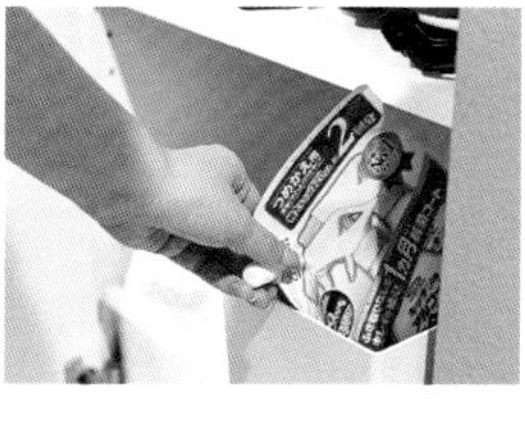

専用のボックスを用意し、中身を使いきったら、棚のすき間からパッケージをポイ。「これ買ってきてね!」の合図です。

Column 3

収納と家事シェア

朝食準備、洗濯物干し、ストック管理、家計簿つけ、ベランダ掃除、夕食の食器洗い……。これらはすべて夫の「家事」。ある有名な「家事育児タスク表」を試したら、夫が6割、私が4割と、夫が私を上回る結果に。収納で家を整えた成果だなぁとしみじみ実感しています。

収納がうまくいっていないと、たとえばこんなことが起こります。お玉やハンディモップを使う人が変わると、別の場所に戻して、互いに探し回ります。次に使うときもまた探して……と同じことの繰り返しに。その結果、時間ばかりかかり（そしてストレスもたまり！）、「家事をやってもやっても終わらない」ということに……。お玉やハンディモップがいつも同じ場所にあり、みんながそこに戻すようにすれば、一気に家事が効率化。協力を仰ぎやすく、家事の分担が進みます。

収納で実現した家事シェアは、その後の暮らしや夫婦関係に大きな変化をもたらします。

まず、万が一どちらか一方が倒れたとしても、夫も私もなんとか暮らしを回せるので、子どもたちの衣食住が保証されます。この安心感は、とても大きい。

それに、家事にかかる時間や手間が互いにわかるため、相手に完璧を求めなくなります。「疲れたから、夕食はレトルトにしよう」「遅くなったから、シャワーですませよう」とラクな選択を提案したり、賛成！　と言えるのです。

また、暮らしの細かい部分まで共有できているので、何か不具合が起こったり、疑問に感じたりしても、話し合って解決できます。春にコロナ禍の影響でリモートワークを強いられたときは、うまく調整して仕事時間を確保することができました。

そしてなんと！　これまで料理をほとんどしてこなかった夫が、最近では朝食にパンケーキやフレンチトーストをつくるまでに。いつも同じメニューだと子どもが飽きて食べなくなるので、バリエーションが必要だと彼なりに考えたのでしょう。収納で家を整えることは、家事のアップデートにもつながるのです。

PART 4

ムダなく使える収納用品

4

汎用性にこだわったら、シンプルでムダのない無印良品に行き着きました

収納の考え方と同じで、収納用品も「余計なことをしない」ほうが「使える」と思っています。その点で、見た目も機能もシンプルな無印良品は優秀。入れるものも使う場所も選ばないので、家じゅうで使い回せます。

また、細部に工夫が施され、収納をアシストしてくれます。ボトルがムダなく収まるよう角が丸くなっていたり、重ねて使えるよう下部に脚がついていたり。ほかにも、あえて色をつけない半透明（クリア）のファイルボックスなどは、中身を「見える化」してくれます。

お店で探すときは、ぜひいろいろな売り場を回ってみてください。キッチン、ステーショナリー、ヘルス&ビューティー。収納の「幅」が広がりますよ。

SHUNO item 1

ポリプロピレン メイクボックス・1/2横ハーフ

約幅15×奥行11×高さ8.6cm
190円

Good

POINT 1
小物の分類収納にちょうどいい大きさ

POINT 2
半透明で、横から中身が見える

POINT 3
角が丸。手にやさしく、持ちやすい

豊富なラインナップの『ポリプロピレン メイクボックス』シリーズで、私がよく使うのは『1/2横ハーフ』。高さ8.6㎝で浅めの引き出しに収まり、細かいものの「小分け収納」に便利です。ほどよく小さめなので、中身を入れても片手でラクに持てるのが◎。脚つきのため、同じサイズなら重ねて使えます。ヘルス&ビューティー売り場で展開。

仕切りとして

分けて収納したいものの仕切りに使用。トートバッグに入れ、トイレ用の洗剤と消臭剤を。右端は使い捨ての掃除ブラシ。

コンタクトレンズに

使い捨てのコンタクトレンズが2～3カ月分まるっと収まります。2つのボックスに左右を入れ分ければ、在庫管理がラクチン。

排水口ネットに

キッチン用の排水口ネットを広げたまま収まるので、上から1枚ずつ取り出せます。補充も袋から出した状態で入れるだけ。

SHUNO item 2

立体メッシュ
タテに使える仕分けケース・L 黒

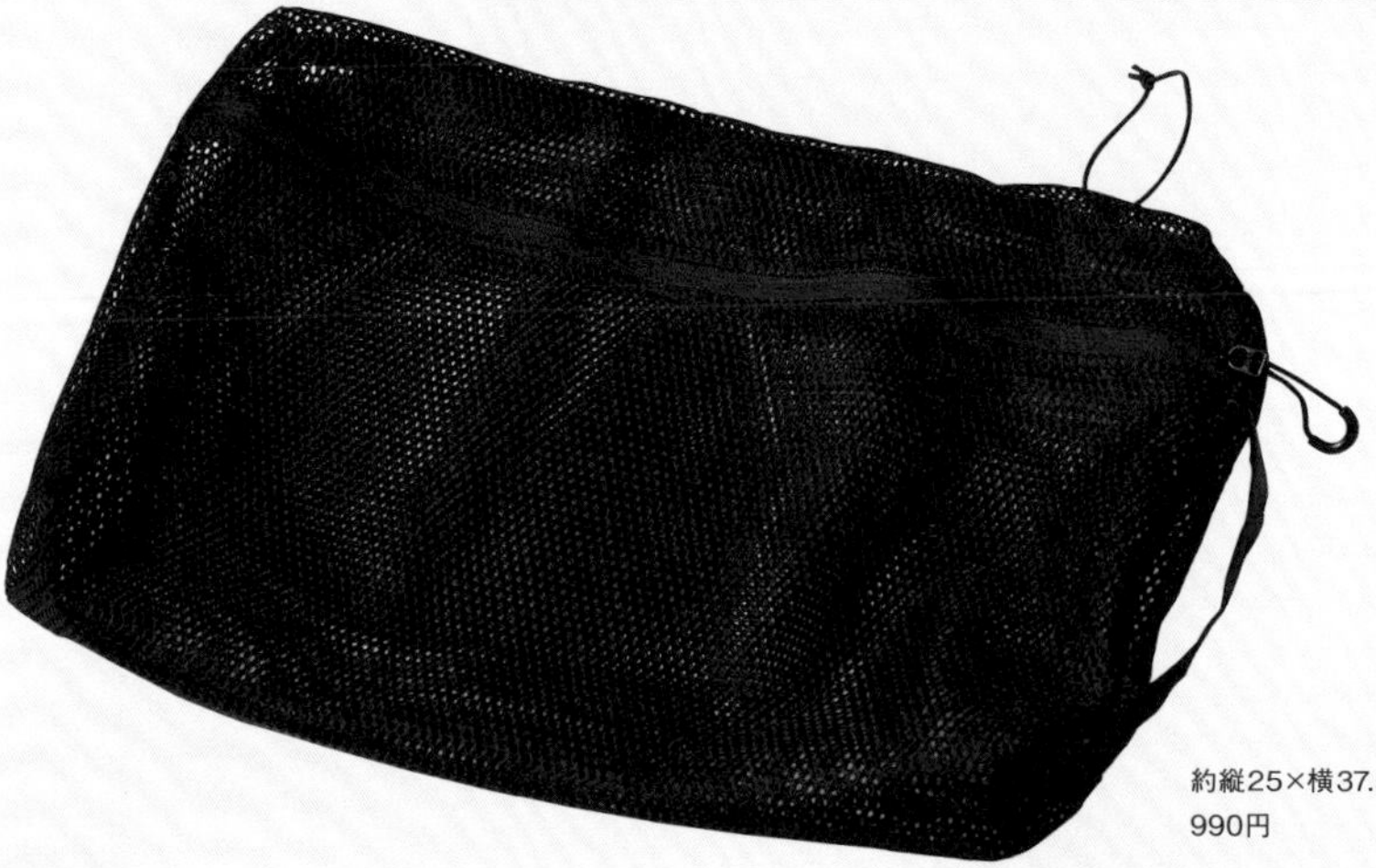

約縦25×横37.5×マチ5cm
990円

リュックの中身を仕分けるケースで、立てて使えるのが特徴。レインコートなど外に持ち出す衣類はほぼこれを使用し、下駄箱に立てて収納しています。ハンドルを手前にすれば、サッと持ち出せて便利。また、網目から中身が見えるため、ファスナーを開けなくても確認できます。柔軟性のある素材で、おもちゃなどの立体物が収まりやすいのも◎。

Good

POINT 1
メッシュだから、中身がよく見える

POINT 2
ソフトな素材で、立体物も入れられる

POINT 3
ハンドルつき。手に取りやすく、携帯に便利

おもちゃの携帯に

やわらかさと丈夫さを兼ね備えているので、形がバラバラなおもちゃを入れても安心。帰省時のおもちゃ収納として。

旅行や出張に

メイクやスキンケア用品、眼鏡などの身支度品をまとめれば、鞄の中で迷子になりません。中身が見えるため、忘れ物対策にも。

レインコートに

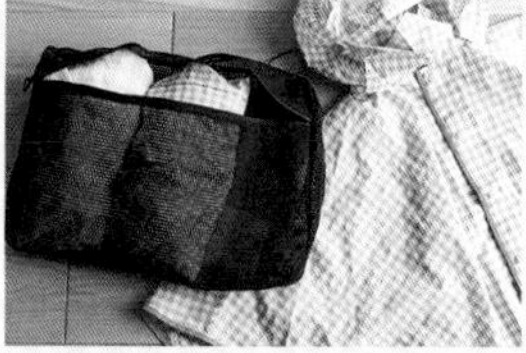

子どものレインコートをひとまとめに。外から数を確認できるため、出かけるときに慌てません。通気性がよく、管理もラク。

SHUNO item **3**

ポリプロピレン整理ボックス3・4

[上:3]約幅17×奥行25.5×高さ5cm
190円
[下:4]約幅11.5×奥行34×高さ5cm
150円

Good

POINT 1
ほどよい高さで、中のものが倒れにくい

POINT 2
半透明で、小さなものまでよく見える

POINT 3
丈夫な素材で、耐久性がある

キッチン売り場の取り扱いで、3はカトラリーなど短いもの、4は調理ツールなど長いものが収まるサイズ。4の奥行きは珍しく、私は冷蔵庫トレーとして使っています。幅広の3は、小さな子どもの衣類を入れるのにピッタリ！　いずれも高さ5㎝で、ものが倒れにくく、重なりすぎず……と絶妙。やや深めで引き出すときに安心感があります。

子ども服に

子どもの下着は小さく、引き出しに入れると、重なってごちゃごちゃに。これなら浅くて重ならないので、種類が一目瞭然。

冷蔵庫トレーとして

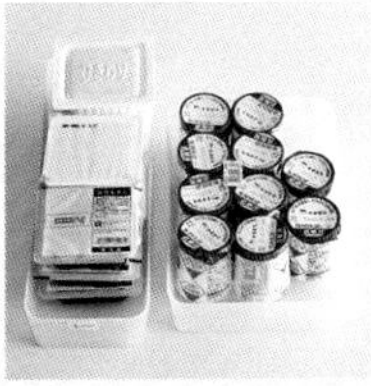

4は納豆のパックがちょうど収まるサイズで、食材のグルーピングに。角が丸いので、ヨーグルトもムダなく収まります(3)。

コップに

丈夫な素材で、コップを入れてもしなりません。カウンター下の収納に奥づけして並べ、引き出して使っています。

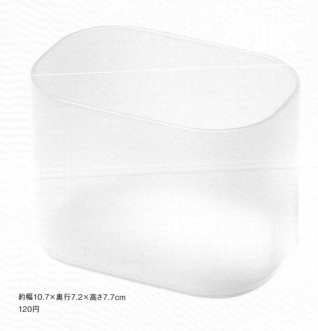

約幅10.7×奥行7.2×高さ7.7cm
120円

SHUNO item 4

ポリプロピレン コットン・綿棒ケース

弁当用のタレビンや輪ゴムなど、『1/2横ハーフ』よりさらに小さいものを入れるのに重宝。引き出しの中でバラバラせず、1種類ずつまとめるのにちょうどいいサイズです。深さは7.7cmあり、ものを立てて収納できるので、上から見つけやすいのも◎。また、半透明で中身が見え、残量チェックもラクチン。キッチンや洗面所で使っています。

Good

POINT 1
深さがあり、立てて収納できる

POINT 2
ミニサイズで、小分け用に最適

POINT 3
半透明で、横から残量がわかる

輪ゴムに

もともとの箱は、口が小さくて取るのが不便……。広口で手を入れやすいので、サッと取り出せます。

弁当小物に

弁当用のタレビンや抜き型など、立てて収納したいものを。小さなものがちょうど収まる高さです。

ヘアバンドに

洗面所の引き出しに入れ、ヘアバンドの指定席に。迷子にならず、すぐ見つかります。

ティーバッグに

ティーバッグがピッタリ収まる幅で、引き出し内のスペースをムダにしません。1個ずつ取るのも便利。

SHUNO item 5

ポリプロピレンスタンドファイルボックス・ワイド・A4用

約幅15×奥行27.6×高さ31.8cm
690円

そもそも書類を立てて収納するファイルボックスは、安定感が抜群。基本は写真の向きで使いますが、私は背を底にして使用。手前がフラットになり、ものを出し入れしやすいので、子どもが扱いやすいんです。棚に連続して並べて、ブックエンドとしても使うことも。

Good

POINT 1
向きを変えて、3通りに使える

POINT 2
間口が広く、出し入れがしやすい

POINT 3
半透明で、側面から中身が見える

絵本に

手前がフラットだと、いろんなサイズの絵本を収納できます。引っぱり出す、押し込むなどの作業もラク。

習い事バッグに

ワイドタイプは間口が広く、マチのある鞄がすっぽり収まります。側面の高さがあるので、横倒れを防止。

SHUNO item 6

EVAケース・ファスナー付B6

約縦15×横22cm　100円

EVAはサンダルの底材などに用いられる素材で、水に強いのが特徴。うっかり濡れた手で触っても安心なので、マスクやお絵描き帳などを入れています。中身がうっすら見えるのもよく、確認がスピーディ。軽くてかさばらないので、バッグ内がスッキリします。

Good

POINT 1
水濡れに強く、紙製品に最適

POINT 2
ほどよい透け感で、中身が見える

POINT 3
かさばらず、スリムに携帯

マスクに

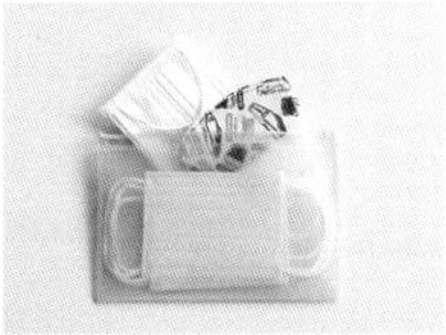

マスクが入るサイズで、携帯するのに便利。バッグに入れてもシワにならず、きれいな状態を保てます。

お絵描きセットに

外出先に持ち歩く、子どものお絵描き帳とペンを収納。中身を確認しやすいので、置き忘れを防げます。

雪崩　ズレ

収納エラーを防ぐ小さなグッズ

ものが入り交じったり、出し入れで動いたり。そんな、収納のストレスを軽減してくれる収納グッズをご紹介。

ズレ対策

カウンター上に貼って、トレーの定位置に。ストッパーになるので倒れません。ケースの裏にもズレ防止に。

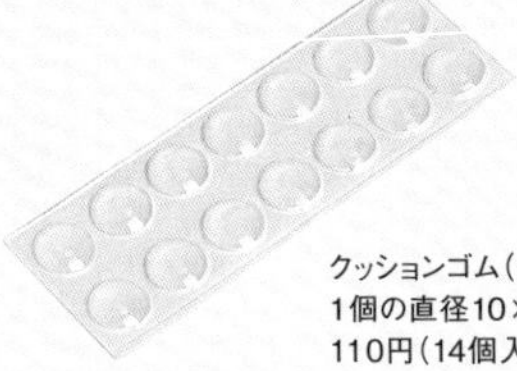

クッションゴム（透明）
1個の直径10×厚み3mm
110円（14個入り）
／レモン株式会社

SMALL item

クッションゴム

扉裏に貼って開閉時の衝撃を和らげ、傷を防ぐクッションゴム。これを活用し、収納ケースやトレーのすべり止めにしています。透明で目立たず、場所を選ばないのが◎。セリアで購入。

雪崩対策

SMALL item

ブックエンド

幅広で安定感があり、出し入れで負荷がかかっても倒れません。また、分類の数や量に応じて動かせるので、空間を有効に使えます。スチール製でお手入れも簡単。

ブックエンド
幅14×奥行7×高さ11cm
110円／ダイソー

食品ストックの分類に使用。明確に分けられるので、種類や数がわかりやすく、在庫管理がラク。

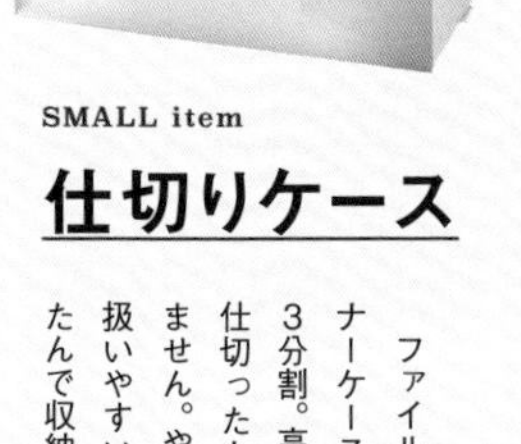

ポリプロピレンシート
仕切りボックス・3枚組　幅15cm用
約幅14.3×奥行10.4×高さ9.9cm
99円／無印良品

SMALL item

仕切りケース

ファイルボックスのインナーケースで、スペースを3分割。高さが同じなので、仕切ったものが〝越境〟しません。やわらかい素材で、扱いやすいのも◎。折りたたんで収納できます。

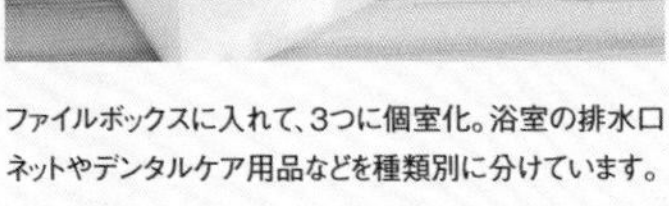

ファイルボックスに入れて、3つに個室化。浴室の排水口ネットやデンタルケア用品などを種類別に分けています。

My SHUNO history

わたしとかぞくのモノ語り

「長い間、片づけられず、
ひとりで悩んでいました。」

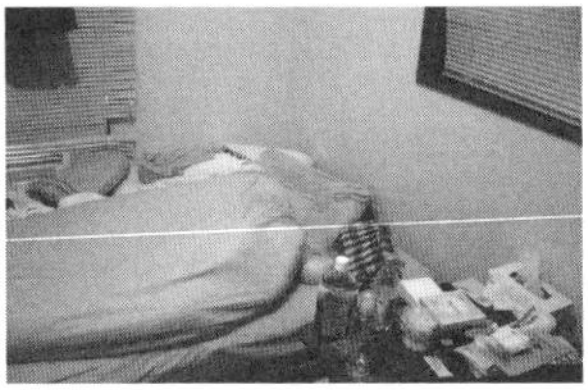

実家〜ひとり暮らし時代

「片づけ」を身につけないまま大人に

私の実家は兼業農家。両親は働きながら農業をしていたので、部屋の片づけまで手が回らず、ものが散らかりがちでした。あふれそうになっても納屋に入れればすむため、私は「片づけ」を身につけることなく育ったのです。

大学入学で上京し、ロフトつきの部屋でひとり暮らしをスタート。インテリア雑誌のような暮らしに憧れるものの、片づいていない部屋が気がかりで、友達を呼ぶことはありませんでした。そこらじゅうにものが〝地層化〟し、鍵や携帯、書類が見つからず、探し物は日常茶飯事……。

無印良品で働き始めてからは、仕事が忙しく家には寝に帰る生活。あふれたものはロフトに突っ込んで、なかったことに。モヤモヤしてやる気が出ないなぁと思いつつも、片づけられないのが原因とは気づいていませんでした。仕事では暮らしをよりよくする商品をつくっていたので、「私はちゃんと暮らせていないけど、いいのだろうか……?」と違和感がありました。

結婚〜新婚時代

ふたり暮らしスタート。パッと見はきれいをキープ

夫と出会ってつき合い出してからは、「彼が遊びに来ることがあるだろうし、この部屋の状態ではマズい……」ときれいな部屋を保つ努力をしました。でも、今考えると、見た目を整えるだけの表面的な片づけだったと感じます。

その後結婚し、最初に住んだのは３ＤＫで50㎡の社宅でした。夫も私も趣味のものを集めるのが好きで、物量は人並み以上。この頃はまだものを整理する習慣がなかったため、次第に増えていきましたが、ふたりだったので収納が足りなくて困ることはありませんでした。相変わらず収納の中はごちゃごちゃしていましたが、扉を開けなければ気にならないからいっか、という感じです。

当時は仕事をしつつ、料理、洗濯、掃除と家のことを頑張っていたので、収納問題を解決する余力がありませんでした。というのも、私の母は夜中まで働き、家事や農業もこなしていたので、「家のことは私がしないと」と自分を追い込んでいたのです。

第一子出産後

長女の登園準備で、服が見つからない……！

結婚2年後に第一子を出産。完璧な妻や母親像を目指して、家事と育児に取り組みました。苦手な片づけも「きちんとやらなきゃ」と思うのに、うまくできない……。そんな様子を見ていた夫が私に言ったのです。「家事や俺のことはいいから、子どものことだけを考えよう」と。ひとりで抱え込んでいた家事や育児を夫と分け合うようになり、「片づけができなくても、妻や母としてダメじゃないんだ」と、気持ちの上ではずいぶんラクになりました。

その後、近所のマンションに引っ越し、復職。長女を保育園に預けて働きに出る日々が始まると、収納問題が現実化します。たとえば朝の登園準備で長女に着せる服が見つからず、洗濯物の山から引っぱり出す始末……。同じ引き出しに保育園用も休日用も一緒くたに突っ込んでいたので、探すのが大変だったのです。「なんだかやりにくい」と感じつつも、問題点と解決策がわからず、同じことを繰り返していました。そんななか、2人目を出産します。

第二子、第三子出産後〜現在

収納が整うと暮らしがラクになると実感

第二子の出産後も部屋は散らかっていたのですが、育児に余裕が生まれ、ずっと悩みだった「片づけられない問題」をなんとかしたいと思い立ちます。そこで、片づけのプロに相談。ものの量を3分の2に減らしたら、重複買いや賞味期限切れがなくなりました。管理するものが多すぎたと痛感し、「余分なものを持たないようにしよう」と夫と決意。登園準備で手間取っていた長女の服も、用途で分類し、動線を考えた場所に置くことで、すぐ見つかるように。

二度目の復職後は、「収納のしくみが整うと、こんなにラクなんだ！」と驚く毎日。3人目を出産した翌月に現在の家に引っ越しましたが、収納のしくみが整っているので、新生活をすぐスタートできました。これは長女の出産時と比べると、大きな進化です。

子どもたちの成長と共に持ち物は変わっていきます。ものを整理し、収納を柔軟に変化させて、家族が暮らしやすい家にしていきたいと思っています。

おわりに

「これでようやく片づく！」と期待を込めて選び、買った収納用品が、逆に片づけられない原因になっているかもしれない……。収納用品の開発に携わっていたときには思いもしなかったことを、整理収納アドバイザーになってから気づきました。

かつての私がそうだったように、片づけられずに困っている人は、ＳＮＳや雑誌の片づけ名人が紹介する収納用品や収納法を疑うことなく真似します。だからこそ私が発信する際は、「なんで、どうして」という根拠をビジュアルでわかりやすくお伝えし、ストンと腑に落ちてもらえる説明をしようと決めていました。

ものの情報は異様に詳しい、元・片づけられない女。そんなアンバランスな私だからこそ、伝えられることがあるのではないか。使命感に駆られながらインスタグラムやブログで発信し始めると、徐々に反響をいただき、本書の出版へとつながりました。いつも私の投稿を見てくださるみなさまのおかげです。

私の屋号「ものとかぞく」には、こんな意味があります。家族それぞれの想いを大切に、まずは身の回りにあるものを整えるお手伝いを。そして、暮らしを豊かにするものと出会う機会を少しでも多く。大好きな無印良品を辞めて、開業時に決意したことが、少しずつ実現できるようになってきました。

この本を手に取ってくださったみなさま、ありがとうございます。「なるほど～！」と納得できることがあったら、どんどん真似して暮らしに取り入れてみてください。毎日が少しでもラクになり、気持ちが前向きになれたとすれば、これほど嬉しいことはありません。

最後に、このたびの出版にあたり、お力添えをいただいたすべてのみなさま、そして、いつも私を支えてくれる夫と、３人の子どもたちに感謝の気持ちを込めて。ありがとうございました。

ものとかぞく　水谷妙子

STAFF

●ブックデザイン
柴田ユウスケ（soda design）
竹尾天輝子（soda design）
●撮影
林 ひろし
有馬貴子（本社写真編集室／P107一部、帯）
●イラスト
くぼあやこ
●校閲
滄流社
●構成・編集・執筆協力
浅沼亨子
●編集担当
小柳良子（P113〜117／執筆協力）

※本書に掲載されている情報は2020年7月現在のものです。
商品の価格（掲載の価格は税込み価格です）や仕様は
変更になる場合もあります。
※本書の家事や収納方法を実践していただく際には、
建物や商品の構造や性質、注意事項をお確かめのうえ、
自己責任のもと行ってください。

水谷妙子の片づく家

著者 水谷妙子
編集人 石田由美
発行人 倉次辰男
発行所 株式会社 主婦と生活社
〒104-8357 東京都中央区京橋3-5-7
https://www.shufu.co.jp
編集部 Tel.03-3563-5361 Fax.03-3563-0528
販売部 Tel.03-3563-5121
生産部 Tel.03-3563-5125
製版所 東京カラーフォト・プロセス株式会社
印刷所 大日本印刷株式会社
製本所 下津製本株式会社

ISBN978-4-391-15478-8